소중한 마음을 가득 담아서

KB021383

『탈출, 99%을』에게 바치는 진군가

조물주위에건물주

신창용 지음

STiCK

스틱드·서면호 S045 | 표지 (주)교세지 아트지 백색 190g/㎡ | 본문 (주)한페이퍼 미색 그린라이트 80g/㎡

『탈출, 99%을』에게 바치는 진군가

조물주위에건물주

초판 1쇄 인쇄 2018년 10월 22일
초판 1쇄 발행 2018년 10월 29일
지은이 신창용

발행인 임영묵 | **발행처** 스틱(STICKPUB) | **출판등록** 2014년 2월 17일 제2014-000196호
주소 (10353) 경기도 고양시 일산서구 일중로 17, 201-3호 (일산동, 포오스프라자)
전화 070-4200-5668 | **팩스** (031) 8038-4587 | **이메일** stickbond@naver.com
ISBN 979-11-87197-30-0 (03330)

"원고투고" stickbond@naver.com
출간 아이디어 및 집필원고를 보내주시면 정성스럽게 검토 후 연락드립니다. 저자소개, 제목, 출간의도, 핵심내용 및 특징, 목차, 원고샘플(또는 전체원고), 연락처 등을 이메일로 보내주세요. 문은 언제나 열려 있습니다. 주저하지 말고 힘차게 들어오세요. 출간의 길도 활짝 열립니다.

차례

미투운동 ｜ 재벌의 지배자에 대한 처벌 ｜ 기회의 평등, 결과의 평등 ｜ 동물의 죽음 ｜ 원흉은 이념의 불균형 ｜ 이익에 체화된 시민과 기득카르텔에 갇힌 '선한 권력의지'의 딜레마 ｜ 영화, 강연 그리고 촛불, 21세기 한국의 가능성과 한계를 읽는 키워드 ｜ 비정규직, 영세자영업 ｜ 소득주도성장, 최저임금 ｜ 경제와 '99% 을'의 언어화의 결합 ｜ '비교하는 운명'의 치유와 극복 ｜ 새로운 권력자 팟캐스트 ｜ 촛불, 선거, 북미회담, 북한 ｜ 세월호 참사 ｜ 김광석의 향기가 머금은 분노나 억울함 ｜ 결국 길은 '사회안전망' ｜ '삶의 사회적 결정인자들'에 결부나 종속되는 '성적 자기결정'

촛불, 헌법, 그리고 법언 ｜ 사기꾼은 애매한 문언을 사용한다 ｜ 법으로 메우는 인문적 함량이 부족한 국가 ｜ 정의만이 통치의 기초다 ｜ 법률의 부지는 용서받을 수 없다 ｜ 사회 있는 곳에 법이 있다 ｜ 법은 도덕의 최소한이다 ｜ 사람 위에 사람 없고 사람 밑에 사람 없다 ｜ 가장 정의롭지 못한 평화라도 가장 정의로운 전쟁보다 낫다 ｜ 어떤 권력에서 유래한 권력은 그 권력을 생기게 한 권력보다 더 클 수 없다 ｜ 눈에는 눈, 이에는 이! ｜ 법에도 눈물이 있다 ｜ 선하고 의로운 것도, 이것을 추구함에 있어서 위력과 사기로써 하면 악이고 또한 부정(不正)한 것이 된다 ｜ 권리가 있는 곳에 구제가 있다 ｜ 자기의 권리를 행사하는 사람은 어느 누구도 해하지 않는다 ｜ 계약은 법률에 우선한다 ｜ 약속은 지켜져야 한다 ｜ 작성자의 의사야말로, 증서의 핵심이다 ｜ 법이 없을 때는 격언이 지배한다 ｜ 법을 떠날 수 있는 방법을 잘 아는 법률가는 훌륭한 법률가다 ｜ 유언자의 유언은 그 사람이 사망할 때까지 유동적이다

이 책은 본 책인 장편소설 『탈출』의 두 번째 이야기 『탈출, 99%을』의 후기 부분이다. 그 후기가 어느 정도는 자족성을 가져 일부 아쉬움에도 불구하고 이 별개의 책으로 세상에 나가게 되었다. 별책으로까지는 예정에 없었던 사정으로 인한 미진함과 함께 본 책의 탈고 후에 생산되었던 이 나라의 정치·경제·국제에 관한 이슈들이나 사정들을 함께하지는 못해 아쉽다. 그것은 남북관계 변화의 지연, 관세부과 등으로 세계패권 행위방식의 변화를 결행한 미국, 침체와 혼란의 늪을 좀체 탈출하기 어려운 보수야당, 성소수자, 진행형인 일자리와 일거리의 부족현상, 사법부, 집권 범 민주당 내부의 미래권력을 향한 투쟁, 소위 '20:80'의 구조 등에 관련하는 본질과 모색에 관한 것이다.

무엇보다 '20:80의 구조화'는 근본적인 사정변경이 따르지 않는 한 정말이지 대한민국의 견고한 모델로 굳어버릴 것 같다. '1:99'가 아닌 '20:80'의 모델이기에, 역설적으로 그 해법이 더욱 복잡하고 난해하다. 하나의 예이면서도 이 나라를 지배하는 상징현상일 수도 있는 '9·13 부동산 대책'이 가진 함의나 최고의 삶이 '조물주위에건물주'라는 시쳇말이 지시하거나 웅변하듯이, 우리 모두에게 드리운 거대한 불행의 신념체계는 이 21세기에 가장 생명력이 있는 종교가 될 것 같다.

궁극의 길인 '공존'에 이르는 길에는 제도와 시민의 의식이 그것에 따라야 한다. 그런데 이 현대는 '국경 너머 에너지의 연동'이라는 과제도 추가했다. 그 어느 것이든 우리에게는 부족하고 난해하지만, 우리는 헤쳐나갈 자산으로서 경험을 가지고 있다. 제2차 세계대전 후 식민의 상태에서 독립한 나라로써, 세계가 인정하듯 우리만큼 성취한 나라도 없다. 거의 유일하다시피 하다. 민주화와 과학·기술에 관한 경험과 역동성이 우리의 자산이다. 부족한 이 별책이 숱한 이슈나 사정의 보완을 받아, 그 언젠가 더 완성도가 있는 성과물로 다시 세상에 나가기를 바란다.

공존과 인식

▶▶ 소설 뒤에 이런 장문을 실은 뜻을 미리 알린다. 이 글은 '공존'과 '인식'의 취득을 목적으로 한다. 인간세계의 목표는 결국에는 어떻게 함께 평화롭게 살 것인가, 라는 '공존'에 있다. 어떤 사회든 국가든 그 구성원들이 '공존'에 대한 의식·철학이 얼마나 분명하냐에 의해 결정되기 때문이다. 심각하게 다투는 현실적인 이익의 문제든 보수·진보와 같은 이념에 영향을 받는 문제든, 모두 '공존'이라는 최종의 가치가 배제된 상태로는 화해에 이르지 못한다. '공존'이라는 최종 가치의 명을 받지 않는 상태에서는, 대립하는 에너지가 경쟁에서의 승리나 자기존재성의 확인에 매몰된다. 분열, 소모적 비용, 현혹, 배척, 지배와 피지배, 소수의 부와 다수의 가난 등 모든 부정적 현상에는 바로 저 최종의 가치인 '공존'에 관한 철학의 현저한 부족이나 부재로부터 비롯된다. 특히 상부구조를 지배하는 자를 포함한 '1% 갑'의 긍정적 가능성을 찾을 때, 그들의 '공존'에 관한 의식·철학이 어떠냐를 묻는 것 외에는 담보되는 것이 없다. 그러면 최종의 목표인 저 '공존'을 누가 실현하는가의 문제다. 그것을 따져야 한다. 우선 '1% 갑'으로부터 기대는 어렵다. 그들 스스로 변한 경우는 극히 드물다. '99% 을'의 변화요구와 상부구조에 든 자들 중 일부 사이 복잡하면서도 긍정적인 방정식이 풀리면서 조금씩 '공존'을 확장하는 결과를 만들어 왔다는 것, 저것이 역사의 증거다. 이치적으로도 일단은 '99% 을'의 변화요구가 존재해야 한다.

▶▶ 문제는 저 '99% 을'의 변화요구가 어떻게 찾아오느냐는 것이다. 바로 기성의 제도와 관습에 관한 '인간의 새로운 인식'이다. 인간은 인식의 동물이다. 인식한 바에 따라 행동한다. 인식한 바대로 당장 행동은 하지 않더라도, 적어도 그 인식한 바가 그의 잠재에너지로는 남는다. 그 잠재에너

지는 불평·불만의 에너지로 잠재하다가, 조금이라도 우호적 환경을 만나면 결국 사회변혁의 에너지로 밖을 나선다. 이 인식은 '회의하거나 부정하는 인식'인데, 쉽게 말해 '우리는 속아 살아왔다!'라는 인식이다. 모든 제도와 관습은 어떤 방식으로든 인간에 의해 만들어진 것이지, 절대 필연의 논리법칙을 가진 것은 없다. 그래서 모든 것이 인간이 바꿀 수 있는 대상물인 것이다.

그런데 문제는! 인간에게 저 '새로운 인식'이 주어지는 일이 너무나도 어렵다는 것에 있다. 제도와 관습은 그 시대의 지배하는 가치이기 때문에, 저것들이 그 시공간 아래에 있는 인간에게 내면화가 되어버린다. 내면화가 된 후에는 그것에 반하는 생각이 구성되기 어렵고, 설령 그렇더라도 이번에는 두려움 때문에 어찌하지 못한다. 이상한 인간으로 취급되거나 배척되는 개인이 된다는 두려움인데, 이것은 정착된 제도와 관습이 취득한 폭력의 반영이다. 이래서 제도와 관습의 변화에는 너무나 긴 시간이 소요된다. 현실을 사는 인간에게는 무의미할 정도로, 적어도 세대 단위를 넘어선다. 그 시간의 지연 안에 '99% 을'의 질곡은 상시적이 된다.

그러면 길이 없는가? 단시간 내에 도달할 방법은 없다. 최대의 방법은 가능한 많은 사람이 새롭게 인식하게 할 계기를 주는 것이다. 그래서 이 글은 그냥 당연하다고 여기는 제도와 관습에 대해서, 그렇지 않다는 인식을 얻은 데에 어쨌든 작은 계기나마 주려는 의도다. 인류의 역사는 인간의 인식 변화에 따른 완전성을 향한 끝없는 합리화를 성취하는 과정이다. 인간의 인식은 '새로운 과학기술의 발견과 인문적 눈뜸'에 의해 변화한다. 결국, 이 글은 당연하지 않다는 새로운 인식을 인문적 차원에서 작게나마 성취하려는 욕심의 발로다.

▶후기

《탈출, 99% 을》소설이 끝난 후에 길게 쓴 것에서부터 뭔가 이상하듯, 이것은 단지 소설의 후기가 아니다. 소설 뒤에다가 왜 이런 짓인가? 이 소설이 가졌다고 볼 사회구조적 종속관계에 걸린 '을(乙)들'의 서사 및 정치·경제와 삶의 본질적 한계나 비애와의 관계성이 없지는 않다. 그렇지만 저런 것들과 관계가 없이도 이 '또 하나의 이야기'를 싣고 싶은 피가 불쑥 솟아올랐던 탓이다. 소설과는 관련이 없이도 이리저리 떠오른 변죽이다. 전체적으로 당위(當爲), 이상(理想), 공상(空想) 따위에 한껏 기울어졌다. 그런 전범으로서의 색채가 농후하다. 이미 내질렀던 같은 정신이나 욕구를 다시 여기저기 반복적으로, 그리고 중언부언도 한다. 현실과의 타협이나 조율을 유지하거나 견인하려는 의지라면, 굳이 이 부분을 실을 이유가 없다. 설령 살아낸 것이 아닐 것이더라도, 알 수 없는 먼 거리의 별들을 향한 시선을 버릴 수 없다. '망상의 유토피아'라며 힐난의 돌을 맞더라도 어쩔 수 없다. 이 변죽 앞자리에 이 책에 관해서도 뭔가 말하려는데, 마침 소설 《탈출》의 후기가 오히려 이 책에 더 어울리는 것 같다. 그래서 먼저 그 《탈출》에서의 후기를 이곳에 다시 옮기고 넘어간다.

▶《탈출》의 후기 존재의 조건을 찢는 자들

증기기관과 기계화의 1차 산업혁명, 전기의 발명이 가져다준 대량생산의 2차 산업혁명, 컴퓨터에 의한 정보화 및 자동화 생산시스템의 3차 산업혁명, 이어 이젠 사물인터넷·인공지능·가상현실 등이 다른 산업·기술과

융합·결합해 구축하는 이른바 '지능정보사회'라는 4차 산업혁명의 기운이 밀려오고 있다. 일자리 상실에 대한 우려의 목소리는, 과학기술의 발전에 따른 산업의 혁명은 피할 수 없는 운명인 반면 삶은 창출될 새로운 일자리와 여력에 의한 복지의 확대에 의해 오히려 더 풍요해질 것이라는 강변에 묻힌다.

혁명으로 불릴 만큼 산업의 근본이 탈바꿈할 때마다 인간의 삶은 더욱 노동으로부터 해방과, 풍요와 그리고 공평을 취득할 것이라고 했다. 육체노동의 굴레에서의 해방이, 상품의 대량생산과 서비스의 대중화로 인한 물질적 풍요가, 시간과 공간의 확대로 인한 소통과 자유가 신장한다는 기대를 품은 바의 기술진보 역사이다. 널리 인간을 이롭게 함으로써 인류의 행복에 기여할 것으로의 믿음이다. 4차의 산업혁명 역사의 시대에는 인간의 지능까지 대신할 기계에 의해 인간은 일로부터 더 많은 해방과 자유를, 나아가 사적 소유권과 대립을 넘어 공유의 경제와 공감의 사회를 선물할 것이라고도 한다.

멀고도 먼 인류의 기원을 따질 것 없이 기록화된 인간의 역사가 시작된 지 5,500년이나 흘러 왔지만, 그렇다! 1차 산업혁명조차 거슬러 올라가 봤자 겨우 이백 삼십여 년 전에 태동하였다. 이젠 땅에서는 24시간 내로, 가상의 공간에서는 즉시 세계 어디든 닿게 되고 소통할 수 있다. 정말이지, 현재를 기점으로 봤을 때 단지 몇십 년 안에 집중되어 성취되었다. 역사의 시간은 절대로 균질하지 않음을 뚜렷이 입증한다.

그러나 일천 년 전이나, 오백 년 전이나, 삼백 년 전이나, 일백 년 전이나, 오십 년 전이나, 이 21세기나 '99% 을들'의 삶은 '저 풍요의 이상향'을 점치는 바를 곧이곧대로 받아들이지는 못한다. '1%의 갑들'이 아닌 '99% 을들'

은 저 과학기술의 진보가 정말 삶을 해소하는지 의문을 지우지 못한다.

21세기 현재 우리가 이 땅에서 목도하는 바로도 '1%의 갑과 99%의 을'이라는 지형도의 고착화, 공무원과 같은 창의성과는 거리가 있는 직종의 선호, 중산층의 축소와 극심한 양극화, 일자리 부족과 갈 곳 없는 청년의 긴 그림자, 비정규직·계약직의 일반화, 제 살 까먹을 뿐 출구가 없는 자영업, 여전한 길고 긴 근로시간과 스스로 제 모가지를 버리는 일들, 결혼과 출산의 두려움, 가족해체의 끝장을 보는 독거노인의 급증, 노령화의 질주와 생산가능인구의 감소, 사회적 계급으로 규정지어버리는 기능으로 전락한 지 오래된 교육, 화려한 외피를 입은 채 자기검열로 조각난 대화들의 범람, 지역과 계층과 세대의 불신과 분열, 괴담과 혼란스런 정보로 몸살을 하는 온라인과 소셜네트워크서비스(SNS), 현재의 고통과 사회안전망이 없는 미래의 불안, 부자나라와 가난한 시민, 모든 가치를 규정해버린 돈… 저 무거운 부정의 지시어들을 어떻게 이해를 해야 하며, 어찌해야 하는가?!

이로써 이 땅에서의 역사의 시간은, 진화의 과정이 아니라, 다만 반복을 향한 변주에 지나지 않는가? 역사의 어두운 궤적을 읽어온 인문주의자들의 차가운 이해가 괜한 염세의 비아냥거림만은 아니었다는 건가? '객관적 누림이 아닌 상대적 비교를 통한 나의 규정성'이라는 인간의 본질적 질병에 대한 이해만으로는 그 규명이 부족한, 또는 세계의 운명이듯이 단지 욕망의 값으로만 규명되지 않는 그 무엇이 인간을 체포하고 있다는 건가?

위와 같은 시간과 역사에 대한 의혹의 염과 함께, 그 부정의 시대적 주인공으로서의 '돈'의, 인간의 모든 고민과 지혜조차 무력화하는 괴력으로서의 '자본'의 함의에 생각이 머물다가 이 소설은 비롯되었다. 소설의 인물들은 저마다 가진 자신 존재의 조건으로부터 몸살을 하고 있다. 단단한 저마다의 존재의 조건에 앙탈하며 생존·인정의 투쟁에 나선다. 그러나 소설은, 이 서사의 속편이 이어지면 모르겠지만, 능력의 부족으로 인해 '지능정보사회'에 대한 탐색은 고사하고 '기능적 정보의 공간'에 겨우 진입한 정도에 머물렀다.

반동의 역사를 거부한 촛불이 기어이 무혈의 혁명을 이뤘다. 그리고 새로운 정부가 그 정신을 위탁받았다. '참여정부'의 아픈 경험을 되씹은 결과 값으로의 '개혁'의 바람이 일고 있다. 국민들은 그 바람의 신선함과 그 희망의 메시지를 몸으로 받고 있다. 그러나 경험이 현재를 정초하는 선험(先驗)이 되지는 못했던 숱한 역사의 함의를 기억할 것이고, 전체로서 시민의 고통과 욕망이 엉켜서 낳을 어둠의 불가사의는 더욱 기억할 것이다. '역사의 함의'는 좌절된 제도를 메우려는 인치(人治)의 좌충우돌과 한계, 성취된 제도에 대한 반동이나 피로감, 말잔치에 밀려 실기(失期)할 인간의 어리석음, 인간을 객체로 전락시키는 기술로서의 법치(法治)의 위험이 그 대표물일 것이다. '어둠의 불가사의'는 경제나 불측의 외인(外因)으로 인한 실망과 지지의 철회, 논리적 이유가 들어설 수 없는 변덕, 불식간에 들어서 버린 새로운 타성, 그리고 이유 있는 항변 등이 기이하게 얽힌 조합체로서의 그것일 것이다.

소설이 홀로 우는 울타리를 떠나 다시 삶의 도구로써 인간의 나태함에 시비를 거는 문으로 들어설 것인지, '바른말은 하지 말고 이미지 관리에 전력하자!'라는 정치와 '갑들'의 문법에 분노의 마이크가 주어질지, 오래도록 역사를 규정해버린 '이념의 지극한 불균형'을 깨는 빛이 들 것인지, '기술, 제도, 인간의 의식' 이것들이 어떻게 어울려 '돈의 질주'를 달랠지… 그리 크게는 자신이 없는 가운데, 공존으로 진화하고 널리 인간이 이로워질 땅을 향한 인간 의지의 산물을 기다린다. 젊어 먼저 별이 된 사람에게 이 이야기를 바친다.

▶후기의 변명

영국이 해가 지지 않는 나라가 된 근거가 먼저 1차 산업혁명을 성취한, 바로 과학기술의 힘 때문이었다. 일본이 부지런히 과학기술을 키울 때 우리는 그러지를 못했고 결국 일본의 압제에 들어갔다. 과학기술을 어떻게 이해를 하던 현실에서의 세상은 결국에는 저것의 힘에 의해 결판나고 재편되었다. 부인할 수 없는 역사의 진실이다. 따라서 위 후기가 '4차 산업혁명' 그 자체를 하면 아니 된다는 뜻은 아니다. 하지만 다른 현실에 의해 너무 큰 고민에 빠지게 한다. '귤이 회수를 건너면 탱자가 된다(橘化爲枳).'라는 말이 있다. 그 국가 · 사회를 지배하는 가치체계가 무엇인지, 그곳에 공존이 실현되고 있는지 물어야 한다. 공존의 철학과 사회적 실현의 체계는 없는 상태에서 약육강식의 문화가 지배하는 땅이라면, 새로운 산업혁명이 생산하는 부가가치가 누구의 호주머니로 들어갈 것인지를 먼저 따져야 한다는 것이다. 여전히 이 시대 대한민국의 상태로는 불 보듯 빤하다는 진단이다. '부자 나라, 가난한 국민'을 더욱 굳힌다는 공포를 못내 지우지 못한다.

위 후기는 '촛불혁명'의 힘을 받은 새 정권이 막 들어선 시점에 쓰였다. 그런데! 당시 나의 관점은 맹렬했던 '갑들'의 리그가 어떻게 응징될 것인지보다는, 과연 '99% 을'에게 희망이 도래할 것인가에 기울어져 있었다. 물론 앞으로도 그럴 것이다. 그 희망의 애탐에는… 넘치는 영세자영업자들의 일거리 없음, 비정규직과 청년실업과 같은 광범위한 일자리 문제, 턱없이 부족한 국민연금 외에는 기댈 곳이 없어(이것조차 가지지 못한 자들이 많다.) 비극의 운명으로 된 노후, 사회적 신뢰자산이 없이 불신의 에너지가 추동하는 무한경쟁, 개개인의 사정을 훌쩍 넘어 사회적 부정의 함의를 고스란히 품은 숱한 자살에 관한 우리 모두의 둔감 등에 줄줄이 걸려 있었다. 내 촉수에는 저런 삶의 위기들이 어찌 될 것인지에 모였다.

2016년 대한민국 촛불혁명은 인류사에 기념비적인 사건이라는 진단들이었지만, 내 관점에는 '과연 99%가 구제될 것인가? 나아가 궁극인 '공존'의 기초라도 마련될 것인가?'가 모여 있었다. 생활정치라는 담보 없는 상태에서의 촛불혁명임에는 분명했기 때문에, '경험이 현재를 정초하는 선험(先驗)이 되지는 못했던 숱한 역사의 함의를 기억할 것이고'라는 등으로 회의가 스멀대고 있었다. 숱한 악마적 현실에 비춰 우려되었던 바가 집권 막 1년 지난 오늘에 보아서는 기우였던 측면이 없지 않지만, 역시나 내 관점이 가졌던 회의는 씻지 못한다.

한편으로는… 자본의 지배, 협치를 통한 공존보다는 적대적 투쟁을 통한 권력의 공고화에 기울어져 온 정치, 민생입법이 어렵거나 누더기로 타협될 국회의석의 분포, '이익으로서의 정치'와 무관심에 기울어진 상태의 시민의식 그 자체가 없어진 것은 아닌 현실… '촛불혁명'이 아니라 그 할아비의 힘을 받은 정권이라고 한들, 어찌할 것인가! 2018년 6월, 이 글을 쓰고 있는 이 시간 답답하고 우울하다.

▶▶ 《탈출, 99% 을》의 변명

▶▶ 소설 《탈출》은 N시에서 수도 P시로 가던 산길에서 발생한 교통사고로 산 아래로 추락한 M의 머리에서 흘러내리는 피가 계곡의 바위를 적시고 있다는 것으로 끝난다. M의 삶을 그따위로 비참하게 끝내버리네! 라는 비정함과 함께, 더 이어질 것 같던 서사가 갑자기 끊어져 버렸다. 더 나아간들 희망을 말할 수 없었다. 희망의 스토리를 설정하는 일은 진실이 아니었다. 그것은 스스로 타협이거나 속이는 일이었다. 다만 시간의 경과 뒤에는, 일어날 수도 있는 다른 진실의 문을 폐쇄하지는 않았던 것 같다. 좁은 문이지만 그 가능성도 열어 놓은 셈이었다. 그 가능성이 이 책《탈출, 99% 을》의 집필에 이르게 했다.

이 책에서도 스토리 자체는 비극이다. 인물들이 가졌던 직업들(국회 단기계약직, 청소부, 온라인 법률 질문에 대한 답변 및 불법의 법무수임, 일반회사 계약직, 가구수리 잡부)이 조악한 현실에 내몰린 것이었거나 일부 기대치가 없지는 않았지만, 모조리 실패로 끝났다. 마지막 가구수리 잡부의 시간에 이르러서는 자살 외에는 달리 출구가 없다는 임계에까지 떨어졌다고 봐야 할 터이다. 그러나 파비안은 세계에 관한 비감이라는 자신의 진실 안에서도 소설 말미에 투척되어온 매튜를 계기로 희망의 문을 연다. 그러나 역시, 세계에 관한 비감을 확인시켜줄 어둠의 예감으로, 이 희망은 명백하지도 간단치도 않다. 그러면서 세계는 인간의지의 산물이라는 그 자체의 진실은 버려질 수 없다. 소설에서의 '폭력'은 만유(萬有)에 내린 그것이며, '99% 을'은 그 만유의 폭력에 맞서 어찌해야 하며, 궁극에는 '공존(共存)'에 이를 것인가? 지난한 투쟁이 후세에 그 영광을 넘기고 희생제의가 되는 우주적 질서로부터는 어떤 구제가 가능한가? 근본 화두인 저 질문은 침묵이거나,

가끔은 파비안의 어지러운 생각 안에서 떠돈다.

   인물들의 실패는 환경에 결부되어 있다. (소설은 개인의 능력이나 운명을 따지는 것은 지엽적이거나 무의미하다는 듯이, 그 요소들은 영향인자의 지위를 가지지 못한다.) 만약 세 번째 책이 집필되고 불분명하나 어쨌든 이 책 말미의 흐름에 따른다면, 그때는 그의 비감을 근거 지울 많은 어둠과의 투쟁이 될 것 같다. 그러나 재물의 보유, 즉 현실화의 가능성을 얻은 자의 개인적 누림이라는 유혹에 시달릴 수도 있다.

▶▶ 이 책은, 읽기에 불편하다거나 관심을 떨어뜨리게 한 전 권《탈출》에서의 요소들(비문의 사용, 꽉 막힌 암울한 스토리, 가상의 공간 등)의 간섭을 받으면서 집필되었다. 비문의 배제나 한국에서의 큰 이슈가 재료로 소환된 점 등이 그 예이다. 다만,《탈출》에 대한 독자들의 리뷰(예스 24)는 M의 서사 외에 파비안에 관한 읽음은 엿보이지 않았다. 〈쇼생크 탈출〉과 같이, 흥미로운 사건을 기대했던가? 호흡이 긴 독서는 곤란하다는 시대성을 새삼 확인했다고 하면 너무 나간 것인가? 어쨌든 이 책의 집필에는 도움을 주었다. 이 책에도 소설화에 친하지 않은 정치 · 경제의 썰이 즐비하니, '뭔 소리를 하는 거야!'라는 불만과 질책이 있을 것이다.

▶▶▶ 《탈출, 99%을》소설 일반에 관한 아쉬움의 변

▶▶ 이 소설은 그 재료든 그것을 드러내는 방식이든 한국에서의 소설의 전형에 따르지 않는다. 단지 짧은 후기가 아닌 '또 하나의 이야기'라는 이상한 짓거리도 그렇지만, 그렇다. 소설의 전형이란 것이 어디에 있으며 장르가 파괴된 시대라는 강변이 아니다. 문학의 현실도 어차피 상행위에 체포된 마당이니, 이름 없는 자의 소설에 비단옷을 입혀줄 평론가는 물론 없다. 소설로써 마치 정치 · 경제의 싸움을 건 듯이 덤빈 바이니, 평론가의 논평이 무슨 의미일 수도 없을 것이다.

변화는 본질 · 당위 · 정의(正義)에 비켜있거나 반하는 모습으로 가동된다는 점, 역사의 격동기에는 상황을 지배하는 다수가 본질 · 당위 · 정의에 비켜있거나 반한다는 그 자체를 모르거나 부인한다는 점, 저 모르거나 부인한 바의 모순에 의해 다시 절망(선민의식의 도그마로 인한 배제와 분리, 적당히 나눠먹기, 반동의 초래 등 다양한 절망)에 빠질 수 있다는 점, 역사발전의 실체가 저런 형태의 과정을 필연이듯이 거친다는 점, 저런 현상이 정의의 관념에 어긋난다고 떠든들 무슨 쓸데가 있느냐는 점… 등으로 해서 '물 들어올 때 노 저어라.'라는 진실의 바람을 타야 한다고, 파비안이라는 인물은 가끔 자문하듯 떠든다.

▶▶ 한나 아렌트가 역사적 사건에서의 특별한 악행을 널리 인간의 모태로써 '악의 평범성(Banality of evil)'을 포착했거나 설정했다면, 이 소설에서 거론되는 '널리 폭력'은 모든 분야에 모두의 일상에 내린 어둠이며 지배의 모태이다. 인류가 이뤄야만 하는 마지막 당위인 '공존'은 '널리 폭력'과 투쟁의 역사 안에서 힘겹게, 많은 경우 후퇴나 반동과 함께 껴안고 뒹굴면서 그 확장

을 얻는다. 소설은 '99% 을의 삶'을 주목하는데, 그 삶은 결국에는 경제와 함께 정치가 규정하는 큰 손안에 있다. 정치를 생각하는 소설은 여기서 작가 '조지 오웰'을 소환한다.

조지 오웰은 '나는 왜 쓰는가'에서 인간이 글을 쓰는 동기로 네 가지(─① 순전한 이기심, ② 미학적 열정, ③ 역사적 충동, ④ 정치적 목적)를 거론했다. 이 시대 한국에서 소설을 포함한 인문적 글쓰기 내지 책의 출간 현상을 차가운 망치로 두드려 보면… '③ 역사적 충동'은 폭압의 과거를 회고하는 정도로, '④ 정치적 목적'은 어떤 이유로든 없거나 기괴한 추리나 판타지의 형태로, 결국 전통의 '② 미학적 열정'이 유지되는 가운데 '① 순전한 이기심'과 어울리거나 은폐하면서 상업적 욕구가 맹렬히 커가는 형태임을 부인할 수 있을까.

①, ②, ③, ④ 모두 나름의 정당성과 이유는 있다. 그러나 구체적으로는 각 시대의 부름에 따라(가치의 균형을 성취해야 하는 당위에 따라), 어느 것이 더 살아나는 것으로 재편되어야 한다. 동시에 삶이 무엇인가 하는 것은 어디까지나 구체적 시공간이 가진 요소들에 관한 진단일 수밖에 없다. 구체적 시공간이 가진 환부와의 피 흘리는 투쟁에서는 비켜서 버린 문학은 '99% 을'의 삶과 유리되거나 문화놀이 내지 말장난으로 전락한다. 21세기 한국 문학이 초라하다면, 저 '정치적 목적'의 결핍에서 비롯된 것은 아닐까. (여기에서 '정치적'은 물론 사회적 지향과 체질개선의 의지 내지 이념의 활성이라는, 사적 삶까지 아우르는 바로써 가장 넓은 의미에서의 그것이다. 정치 자체만이 아니라, 어떤 형태로든 사회성을 가진 서사나 관점이다.) 오웰은 '정치적 글쓰기'를 선택했다. 물론 문학이니 다른 요소인 ①, ②, ③이 가진 기능이나 풍요도 당연히 함께했지만, 그렇다. 조지 오웰의 뜻은 그의 유명한 말인 "어떤 책도 진정한 의미에서 정치적 편견에서 자유롭지 않다. 예술은 정치와 무관해야 한다는 견해 자체도 하나의 정치적 태도다."에서도 넉넉히 엿볼 터이다.

▶▶ 소설이 왜 예민한 현실의 정치와, 권력과, 경제를 천착하는가? 세상을 지배하는 영역인 정치·권력·경제의 세계에 눈을 감거나 지나친 방론에 머무는 인문이 무슨 의미인가를 묻는다. 그래서 이 소설에 옮겨진 전 권의 후기에서도 "소설이 홀로 우는 울타리를 떠나 다시 삶의 도구로써 인간의 나태함에 시비를 거는 문으로 들어설 것인지"라는, 기대가능성이 어려울 것이라는 회의를 가지지 않을 수 없었다. 세상을 지배하는 에너지에서 비켜나 삶을 탐색하는 소설은 그 인간적 고뇌에도 결국에는 자기위안의 미시적 세계에 함몰된다. 그렇게 되게 되어 있다. 더구나 자본의 지배라는 현대의 환경 아래서는, 소설이 '널리 인간을 이롭게'를 훼손하는 상업적 수단을 통한 자기연명으로 간다. 그렇게 가게 되어 있다.

너무나 복잡하고 난해한 현대의 정치·권력·경제의 현상, 쉽게 손이 가는 압도적 소셜네트워크서비스(SNS), 강력한 유인자인 영상문화 등의 지배 아래 인간이 대체 무엇을 할 수 있는가?! 한편으로는 하루하루 사는 것도 팍팍하다. 해서, 사유와 긴 호흡의 문화수단인 소설로는 저런 지배적 현실에 정면으로 대결할 수 없다고, 그 이전에 저 현실을 읽어낼 코드도 없다는 강변이 나올 만하다. 그러면! 다시 소설이 말잔치로써의 자기위안과 상업적 합리성이라는 폭력의 우산에 계속 갇혀 있을 수밖에 없다는, 그 닫힌 환원론을 어찌할 수 없다는 허무를 걷어낼 수 없다. 미학적 접근이 쉽지 않은 정치·권력·경제 영역과의 다툼을 가짐으로써 창작물이라는 소설의 고유성이 훼손되는바 모르지 않지만, 그런 아쉬움을 가질 수 없다. 독자의 호불호가 어떠하든, 설령 훼손의 염이 떠나지 않더라도 삶의 실체를 선택일 수밖에 없다. 돈과 거짓 신화의 악마는 정치적 무관심이나 외면이 일상화된 사회를 탐한다. 정치에 관한 무관심이나 외면이 팽배한 곳은, 바로 재벌과 '1% 갑'이 '99% 을'을 현혹하고 다스리기 딱 좋은 환경이다.

▶▶▶▶ 현실에서의 단상들

이 집필이 완료되던 전후에 국가적이거나 사회적인 함의가 큰 사건이 줄을 이었다. 만만치 않은 국가적 · 사회적 과제를 품고 있는 이슈들이다. 사물의 본질과 함께, 우리 모두 공범자라는 불편한 진실이 지배하는 심층을 보게 하는 일들이다. 본질과 진실의 회복과 치유에는 오랜 시간에 걸친 부끄러움, 손해, 분노, 용기, 고발, 인내를 요청한다. 지극히 제한된 삶의 조건에 걸린 인간은 저 회복과 치유의 과제는 인지하지 못하거나 애써 외면한다. 내가 동의하거나 그렇지 못한 파비안을 통해 소설에서도 소환된 재료도 없지는 않으나, 손에 잡히는 대로 이 땅을 지배한다고 보는 것들에 대해 그 단상들이다. 주관에 기울어진 생각들이다.

미투운동

미투운동(Me Too movement)은 잘나가던 인간 몇몇을 하루아침 파렴치로 만들어버렸고, '팬스룰'이라는 신종 자기검열의 전선을 생산했다. 2018년 '한국판 미투'는 일종의 문화혁명 수준으로 치솟았다. 정치권력에 관한 타격의 양상으로 불이 붙을 정도였다가 음모론까지 고개를 쳐들었다. 이 대폭발의 근원이 무엇인가? 서열과 남성 중시의 유교문화권이면서도 동시에 적어도 아시아권에서는 상대적으로 정의의 관념을 더 내면화하고 있는 민족성을 가졌다는 점, 삶의 질곡이 임계점이 이르렀을 때는 수차 저항권을 행사했던 역사적 경험을 가진 점, 전자적 기술의 보유와 SNS의 활발한 사회적 기능이 수행되고 있는 점, '촛불혁명'의 정신을 따르지 못하는 현실에 대한 불만이 이 '미투운동'에 발화되었다고 볼 수 있는 점, 지방선거를 앞둔 시즌인 점, 보수야당이 궤멸한 반면 높은 지지율을 가진 중도진보세력이 집권하고 있는 점, 여성의 사회적 성취와 자신감이 커온 점, 운동의 대의 그 체제에 대해서는 남성도 대체적 동조와 변화의 필요를 인정하고 있는 점… 결국 집적된 사회적 분노들이 폭발성을 가진 국민성과 결부된, 이런 것들을 생각하게 한다.

혁명은 아픔도 함께한다. 혁명의 시기에는 반동이나 가해자로 지목된 자는 그 삶의 이유를 잃는다. 전체적으로는 진실의 여부와 관계없이도 자신을 변명할 수단이 봉쇄된다. 변명할수록 그의 공간이 축소된다. 이럴 때 책임의 양을 목숨으로 대신해버리는 초과행위의 슬픔도 생산된다. 저 초과행위를 차단하는 힘은 오직 그의 가족만이 가지고 있다. 모든 것으로부터 배척되기 때문에, 가족의 품만이 마지막 출구로 남는다. 너무 큰 충격의 경험이기 때문에, 가족이 안아줘도 그가 자신의 흠을 망각할 수는 없다. 겉으로는 어떤 변명을 하든, 생명을 버릴 수도 있는 충격과 대비해서는 그렇다. 가족의 긴장된 촉수만이 저 초과행위의 늪으로부터 그를 구제한다. 조민기 씨의 명복을 빕니다. 물론 그의 가족을 염두에 둔 것은 아니다. 인간의 얼굴을 한 정의와 공존의 실현이란 변혁기 운명으로 떨어진 삶도 구제하는 것이니, 가해자 가족도 케어(Care)하는 사회적 정신도 필요하다. 하지만 2018년 현재 한국인의 분노 정서가 가진 성격에 비춰 먼 훗날의 일이다.

모든 이슈를 집어먹어 버리고 끝이 없을 듯이 했던 것이 어느새 염증도 안고 구르다가, 어김없이 계절이 바뀌듯 이젠 우리에게 잊혀 가고 있다. 그러나 한철 뜨거웠던 저 경험은 분명 우리를 새롭게 한다. 인간계는 대충 그래도 좋다거나 당연한 것으로 여겨온 것을 그렇지 않다고 새로운 인식을 하게 된 계기를 통관하며 진화한다. 해서, 성농담과 성추행이 마치 하나의 생활이었던 과거는 분명 잘못이었고 나아가 사회적 응징도 따를 수 있다는 인식의 취득, 그것이 우리에게 각인되는 성과다. 적어도 여성의 성적 수치심을 일으켜 결국 인간의 기본권을 짓밟아왔던 악마의 관행은 2018년 몇

달의 난해한 행군을 지나면서 크게 소멸할 것으로 볼 것이다.

재벌의 지배자에 대한 처벌

2018년 2월 있었던 삼성의 이재용에 대한 집행유예 석방이 가진 함의는 어느 특정 판사의 법해석에 머물지 않는다. 우리 모두를 지배하는 많고도 거대한 규정성과 화두(話頭)를 가지고 있다. 현재를 넘어 먼 미래까지 규정할 것으로 볼 국가·사회적 에너지다. 1심이 인정한 증거를 2심이 배척한 것에 대해, 결론을 내려놓고 그것에 증거판단을 맞추었다는(―2심에서 '징역 3년, 집행유예 5년' 이내가 가능토록 했다는, 즉 1심까지 포함하는 의심인 '3·5 법칙'대로) 능히 예상된 비판도 있었다. 진실이 아니라는 얘기는 아니다. 3심에서 깨어질 것이라는 예측이나 의욕도 많은데, 물론 그렇게 될 가능성도 있다. 한편으로 저 2심 후, 다른 1심에서는 같은 중요 증거에 대해서 유죄의 판단을 하고, 최순실은 물론 안종범·신동빈에 대해서도 통상의 예측에 비춰서는 중형의 실형을 선고했다. (이곳에서 한 얘기와는 별도로, 오늘날의 '롯데'가 있기까지 그 정경유착이 어떤 형태로 어느 정도였는지는 독자가 따로 알아보라. 한국의 재벌을 비롯한 '슈퍼 갑들'에 대해서는, 공소시효가 없는 역사의 법정이 살아 있어야 함을 새삼 실감한다.) 이렇게 되면 뭐가 뭔지 헷갈린다. 일단, 판사 사이의 철학의 차이를 배제할 수 없고, 권력이 보수에서 진보로 넘어온 상황에서의 혼란의 여진과 관련된 것으로 볼 수도 있다.

그러나 그 설득력은 많이들 가진 관념의 현재로부터 발견된다. '재벌의 총수는 오래 감옥에 두는 것은 곤란하거나, 이상하거나, 뭔가 불편하다!'라는 우리의 뿌리 깊은 관념, 또는 표면으로는 그렇지 않으나 우리의 무의식에 내려앉아 끈질기게 버티는 그 관념이다. 그리하여 '이재용이 근 1년을 감옥에 살았듯이, 신동빈도 국민정서에 부응하는 차원에서 몇 달은 감옥에 갇힌 후 항소심에서 나가라!'라는, 가정으로서 하나의 설정을 하게 된다. '재벌의 총수를 감옥에 두는 것은 곤란하다'와 '유전무죄 무전유죄'라는 두 개의 충돌하는 국민정서 사이에서의 혼돈이자 타협이다. 이는 물론 법이 정치지형이 만들어 놓은 요청에 종속되는 현상으로도 이해할 수도 있다. 다만, 만약 촛불이 다시 일어나 진행 중이었다면 저런 타협은 선택되기 어렵다. 그때는 다른 헤게모니가 가동되는 지형이기에 그렇다.

'국민의 법감정'의 측면에서 다시 본다. 적폐청산의 의욕이나 그 여진이 없어지지 않았음에도, 이재용의 석방에 대한 반발의 여론은 그리 크지 않았고, 언론은 신동빈에 대한 실형과 법정구속에 대해서는 뭔가 측은함을 보였다. 저 측은지심은? 돈을 기준으로 하면 자본가와 '99% 을' 사이는 대충 10배나 100배 정도의 금액에서 비슷한 형량이 나온다는 진실을 확인해주는 바이기도 하다. '국가경제에 큰 영향을 미치는 재벌총수에 대한 형량의 고려'라는 주장을 비아냥거리는 정도에 머무는 상태, 재산에 있어 법인과 그 구성원 개인을 그리 분리하지 못하는 경제관념의 미숙상태, 부당하거나 부정한 돈의 유통에 관련한 이해나 수용의 차이(— 개인은 도덕적 관점에 재단되는 반면, 자본가는 돈의 배치 관점에서 수용) 등으로… 자본의 폭력에 대한 두려움과 그 흠모를 그리 크게는 극복하지 못하고 있는 우리 의식상태임의 반영임에 다름이 아닐 터이다. 돈이 '원수'이고 돈이 삶을 규정하는 바이니, 저 프레임은 견고하다. 그러나 '공룡 삼성의 지배자도 처벌되었다는 사실!'에 대한 경험의 취득, 저 우리의 경험이 어떻게라도 이 나라 역사 발전에 연결될 것은 틀림없음에 주목을 한다.

기회의 평등, 결과의 평등
문재인 대통령은 취임사에서 '기회는 평등하고, 과정은 공정할 것이며, 결과는 정의로울 것이다.'라고 말했다. 진정성의 전범으로 느껴지는 그가 아닌 다른 사람이 저렇게 말했으면, 나는 웃어버렸을 것이다. 어쨌든 슬픈 일이다. 기회가 평등할 수 없고, 과정이 공정할 수 없고, 결과가 정의로울 수 없는 나라이다. 앞으로도 한참이나 달라지지 않을 것이다. 구체적으로는 무기불평등이 심각한 탓이지만, 그 이전에 저럴 수 있는 이념이 부재한 나라이다. 굳이 말하자면 '공존의 이념'의 현저한 부재이다. 기회의 평등이냐? 결과의 평등이냐? 이것은 어려운 화두이다. 보수주의자는 기회의 평등으로 기울어지기 쉽고, 진보주의자는 결과의 평등으로 기울어지기 쉽다. 논리법칙이나 도덕적으로는 기회의 평등이 가치이고, 결과의 평등은 폭력이다. 물론 누구나 수긍할 결과의 평등이 실현되면 가장 좋다. 그러나 결과의 평등이 구체화하기 위해서는 '공존의 이념'의 현실화인 복지와 사회적 급여가 담보되어야 한다. 각설하고, 하나의 진실은 기억해야 한다. 우리는 가능하지 않은 기회의 평등을 가능한 것으로 전제하고, 기회의 평등을 생각하거나 말한다는 진실이다. 결과의 평등에 관한 이해가 과연 어떤 것이냐에 따라, 기회의 평등에 관한 실질적 판단도 가능하다.

동물의 죽음

동물의 죽음은 물리적 변화에 지나지 않는 하나의 현상일 뿐인가? 생명 상실의 슬픔인가? 2017년 6월 16일 이탈리아 대법원은 〈요리되기 전의 산 바닷가재를 얼음과 함께 보관하는 것은 그들에게 정당화할 수 없는 고통을 안겨주는 것이다. 고급식당이나 슈퍼마켓 등에서는 실온의 산소가 함유된 수조에서 바닷가재 등의 갑각류를 보관하는 것이 일반적이며, 갑각류를 얼음과 함께 놔두는 것은 관행에 어긋난다. 그러나 바닷가재 등을 산 채로 삶는 행위는 관행과 통념에 어긋나지 않기 때문에 문제가 없다.〉라는 취지로 해당 식당에 대한 벌금을 인정하고, 소송을 제기한 동물보호단체에 소송비용도 지급할 것을 명했다. 이 보도에 대해 대한민국의 네티즌들은 대체로가 '산채로 쪄먹는 것과 뭐가 다르며, 식용동물의 처리 방식 중 하나에 지나지 않는 것'이라는 취지였다. 어이없다는 반응이었다. 지금 '동물학대에 대한 각성'의 핏대를 세우는 것이 아니다. 우리가 당연하다고 여겨왔거나 전혀 인식조차 못 했던 관습이나 '갑을의 구조'에 대해, 그건 그렇지 않다는 발상을 할 수 있느냐를 묻는 것이다. 그런 발상과 그 담론화의 진입이 가능한가? 하는 것이 사회적 진화의 관건이기 때문이다. "현대 문명의 위기는, 기술 문명이 토끼 같이 달리는데 비하여 정신문화는 거북이걸음으로 뒤를 따르고 있는데 있다."라고 한 아놀드 토인비의 지적과 같이, 현재보다 고양된 의식의 진화에 관한 절실함이다.

원흉은 이념의 불균형

▶▶ 인간이 자신의 이념성향을 말할 때, 그가 가진 생각이 그대로 표출되는 경우는 드물다. 뭔가 침윤해서 사실과 다르게 진보나 보수 어느 쪽으로든 더 간 상태로 표출된다. 그 뭔가는 '그 국가사회에 드리운 지배적 이념'이다. 예를 들어 프랑스에서는 사회주의적 의식의 표출은 전혀 이상하지 않고, 사회주의자가 아니면 오히려 이상한 시절도 있었다고 한다. 그러나 대한민국에서 '사회주의'라는 단어는 그 자체가 불경이 된다. 결국, 이것이다. 프랑스든 한국이든, 사람의 이념표출에는 '그 국가사회에 드리운 지배적 이념'에 크게 간섭을 받는다. 적어도 다른 쪽으로 한두 단계 꺾이는 것이다. 그래서 한국에서는 정치적 성향이나 이념을 표출할 기회가 있을 때는(―통상 이런 표출을 회피하는데, 이 회피 자체도 저 지배적 이념에 간섭을 받기 때문이다. 그렇지만 지배적 이념의 공격으로부터 자신을 방어하기 위해 어쩔 수 없이 표출해야 하는 상황을 더러는 만난다. 이런 상황, 참! 불편하고 슬프다!) 많이들 '나는 중도나 중도보수쯤 될 것 같다.'라고 말한다. 이런 경우 그 절반은 진보적 의식의 보유자이다. 남북분단, 미국적 정서의 일반적 지배, 신자유주의… 이런 거대한 우산 아래서는 매카시즘의 공격으로부터 자유로울 수 없다. 정치인은 말할 것도 없지만, '종북좌빨'의 딱지로는 갑남을녀도 숨쉬기가 피곤하다. 텔레비전 토론에서는 물론 심지어 술자리에서조차 솔직하

기 난감하다. 또, 자본주의도 사회주의도 둘 다 독자적인 진실이면서도 어느 한 쪽으로 기울어지면 위험하다고 하는 말에도, 이미 지배적 이념의 간섭이 침투해 있는 것이다. 그러니 이 나라에서의 진보는 북유럽의 중도에도 미치지 못한다는 말이 나온다. 이런 환경의 경우 가장 불행한 일의 하나가 바로 진보정당이 설 자리가 없다는 진실이다. 저것이 이 나라에 슬프고 긴 그림자를 남긴다.

▸▸ 일자리 나누기 정책의 실질적인 실현은 '공존의 철학'을 전제로 한다. 저 철학이 이미 그 국가 · 사회 전체의 토대로 되어 있는 상태에서나 가능하다. '공존'이 전제될 때 용인되고, '공존'에 균열을 내는 사정을 용납지 않는 이념을 보유한 땅에서 가능하다. '북유럽의 모델을 너무 맹종한다. 우리 고유의 것을 개발하고 발전시켜야 한다!'라는 소리도 있지만, 특출하게 잘난 민족이나 국가 같은 것은 없다. 모두 어떤 이념이며 무슨 환경이냐의 문제에 종속될 뿐이다. 인류의 역사적 경험으로 성취한 바를 살피는 것이 정합적이다.

현실적으로 자본주의와 사회주의가 어떻게 결합을 해야지, 긍정의 효과를 내느냐는 문제다. 자본주의에 너무나 기울어진(그것도 악성의 신자유주의 전형이다.) 우리로서는 북유럽과 같은 정도로 사회주의가 결합하도록 고민해야 한다. 인간세계는 운명적으로 이념의 종속물일 수밖에 없다. 하여, 다른 대안들은 아무리 끌어온들 쓸데없는 짓이다. 그렇지만! 단지 이념만으로는 버틸 수 없거나, 분열되거나, 폭정으로도 가버린다. 그렇게 된다. 함께 해야 하는 다른 요소? '일정 수준 이상의 지식(교육)과 돈(경제)'이다. 저것들이 함께해야 한다는 전제이다. 사물의 구조와 성격을 읽을 수 있어야 하므로 지식이 필요하고, 이념이 정립에는 합리적 절차를 감당해낼 비용을 요구하므로 경제가 필요한 것이다. 교정을 기다리는 지식은 기초 환경으로서의 그것이므로, 인문적 측면이 부족한 양적·기능적 지식이어도 된다. 따라서 문맹률이 높거나 양적·기능적 지식조차 없는 국가에서는 불가능하다. 경제도 불균형의 상태이더라도 국가의 경제총량이 일정 수준 이상이면 된다. 양적·기능적 지식과 불균형의 경제가 인문적·사회주의적 이념에 의해 교정되는 것이다. {구소련과 동구유럽의 공산주의가 실패한 것도 별것이 아니다. 저 '지식과 경제'라는, 기본체력으로서 저 두 필수요소가 현저히 부족한 상태에서 이념 혼자 춤추었기 때문이다. 자본주의든 공산주의든 생물인 인간의 역사에서는 언제든지 폭력을 생산하기 때문에, 저 폭력을 교정하거나 제거할 기능으로서의 지식이 필요한 것이다. 이때의 지식은 빗나간 현상의 의미·구조를 읽고 해소에 나설 수 있는 '집단지성으로서의 지식'이다. 그리고 경제가 부족하면 개별 지성이 결합하기 어렵고, 설령 결합하더라도 그 지구력의 한계로 결국 어렵게 된다. 하루하루가 버거우면 아무것도 안 된다! 결국, 공산주의 그 자체로는 죄가 없다. 구소련 등 가능하지 않은 미숙의 땅에서 하겠다고 덤빈 것이 죄였다. 마찬가지로 자본주의의 부정적 기능을 교정할 함량을 가지면, 자본주의도 그 자체로는 죄가 없고 인간에게 기여하는 체계가 된다. 다시 정리하면 개개인이 어찌할 수는 그 국가의 이념·체계는 그 개개인의 생활양식, 경쟁의 원리, 생각 등 모조리 그것을 좇게 만들고 그것을 향하는 내면화가 이뤄진다. 이리하여 그 이념·체계가 우연이었다는 생각을 하기 어렵고(─ 이념·체계라는 것은 그 시공간의 역사적 상황이 결과지은 것일 뿐이지, 필연이 아니다!), 그것이 문제를 야기하거나 폭력을 행사해도 합리적 의문을 갖지 않거나 오히려 그것에 잘 보여 살아남으려고 한다.} 2018년 현재 대한민국의 교육수준과 국가의 경제총량은 이념의 교정이 가능할 정도로 되었다.

이 나라에서의 '4차 산업혁명'은 일자리 문제를 더욱 곤란에 빠뜨릴 것이고, 그들만의 리그로써 '누구 좋아라고 저것이었느냐!'라는 곡소리를 보탤 것이라는 우려를 떨쳐내기가 쉽지 않다. 이 나라가 가진 이념의 양태와 정도로는, 새로운 유형의 산업혁명으로 생산될 돈의 폭력을 좇을 사회적 에너지를 말이다. 오늘날 북유럽 국가들이 성장과 분배, 저 두 마리 토끼 모두를 잡은 데에는 그 이유는 뜻밖에 간단하다. 국가 · 사회 저변에 오래전부터 단단하게 침윤한 사회주의적 기반이 풍부했기 때문이다. 그 기반이 맹렬한 세계자본주의의 행패를 다스릴 수 있었다. 저 기반이 존재했기에 노동자의 입장이 크게 반영된 노사공동체가 될 수 있었고, 직업 사이 보수액의 차이도 일정 한계 내로 설정됨이 가능했다. 우리는 직업이 비극의 원천인 신분질서로서의 기능으로 크게 기울어져 있고, 저들은 직업이 공존의 실현에 중요한 기초인 '역할의 분담기능'을 상당 부분 성취해 있는 것이다. 저들도 그렇지 않았다면 같은 선진국이라면서도 양극화의 전형인 미국과 같이 되었을 것이다.

▸▸ 대한민국은 '이념의 불균형'의 힘으로 고도성장을 했고, 동시에 저것으로 인해 그 대가가 '1：99의 땅'이 되었다. 모든 가치가 '이념의 현저한 불균형'에서 생산되고 저 불균형의 마력에 의해 조율된다. 모든 원인과 결과의 모태다. 이 21세에 이르러서도 그렇다. 보수 쪽으로 너무 기울어진 운동장이다. '99% 을'의 보수성과 진보정당의 약체는 오랜 이념의 불균형이라는 밭에서 계속 생산된 것이다. 국정농단 사태와 촛불의 열기, 2017년 대선의 정국을 거치면서 상당한 진보로 돌아섰다는 진단이 있다. 여론전문가들과 오피니언리더들이 하는 말인데, '자기위로'이거나 전체로서의 규정요소를 잊은 진단일 뿐이다. 이 책은 '99% 을'이 당연하다고 여겨온 사물의 현상에 대해, 그렇지 않다고 생각을 전복하고 반발하도록 부추기는 데 열중한다.

▸▸ 2018년 6월 '궁중족발 임대차 사건'의 보도가 있었다. 〈김씨는 보증금 3,000만 원, 월세 약 263만 원, 임대차기간 1년으로 2009년 5월 서울 종로

구 서촌에서 궁중족발 영업을 시작했다. 이후 맛집으로 소문났고, 2015년 5월에 월세 약 297만 원으로 인상했다. 2015년 12월 건물의 새로운 소유자된 이씨가 2016년 1월 보증금 1억, 월세 1,200만 원으로 요구했다. 김씨는 거부했고 이씨는 싫으면 나가라고 했다. 김씨는 너무 올린 월세가 부당하고 자신에 의해 월등히 상승한 점포가치에 따른 권리금을 가질 수 있어야 한다는 입장이었고, 이씨는 월세 1,200만 원은 시세 수준이라는 입장이었다. 이씨는 2016년 4월 명도소송을 제기했고, 상가건물임대차보호법이 규정하는 계약갱신의 한계인 5년을 넘긴 김씨는 소송에 패했다. 이씨는 판결에 의해 2017년 10월부터 2018년 6월 4일까지 12차례에 걸쳐 강제집행을 시도했지만, 김씨는 그때마다 임차인 단체 '맘편히장사하고픈상인모임'의 도움을 받으면서 집행을 막았다. 집행의 과정에 지게차가 동원되었고 김씨 손가락 4마디가 부분 절단됐고, 2017년 11월에는 김씨가 몸에 시너를 뿌리며 저항을 했다. 급기야 김씨는 2018년 6월 7일 이씨를 찾아가 차로 들이받으려 시도하다가 망치를 휘둘러 상해를 입힌 혐의로 구속되었다.)라는 것이 사건의 요지였는데, 여러 사실에 대한 김씨와 이씨 사이의 주장은 달랐다. 여론, 즉 네티즌들의 반응은 '보통 임차인들이 누리기 어려울 만치 오랜 기간 장사를, 그것도 근래는 시세의 1/3 이하일 정도로 싼 월세로 장사를 해왔다. 저렇게까지 손해를 감수할 건물주는 없다. 그럼에도 임차인은 판결의 집행을 방해하고, 그것도 모자라 건물주에게 폭력을 행사할 정도로 욕심을 내었다. 언론은 불공평하게 임차인의 편을 든다.' 등으로 임차인을 비판하는 쪽으로 기울어졌다.

공급자가 많아 매출이 힘 드는 것 못지않게 너무 높은 월세 때문에 버티지 못한다는 진실에 대해서는, 이젠 이 나라 사람이면 모두 알고 있다. 그리고 인테리어비용, 권리금, 젠트리피케이션(Gentrification)에 대해서도 알고 있다. 저런 문제에 대해 시민단체는 줄기차고 강력하게 해결을 주장하고 있고, 정부와 여당도 상당한 수준에서 밀고 있다. 자영업자들의 고통과 눈물이 이 나라 방방곡곡을 무겁게 짓누르고 있다. 사정이 저러한데도 10년의 계약갱신청구권과 임대료인상의 제한 등, 상가임차인 보호를 위한 개정안이 보수정당의 반대로 국회를 통과하지 못하고 있다. 왜 그런가? 서구선진국에서 당연한 저런 것들이 왜 이 나라에서는 되지를 않는가? 결국에는 큰 틀에서 이념의 반영으로서 여론에 종속되기 때문이다. 이 사례에서 임차인에 대한 비판의 여론은 옳은 것이면서도, 사례의 경우뿐만이 아니라 전체적으로는 우리의 현실에서는 '옳다'가 아니라 저럴 수밖에 없다는 것이다. 임대인과 임차인 사이 주장이 다른 점과는 관계없이 기본 프레임에 의해 저럴 수밖에 없다. 국민 일반이 가진 이념의 자장이 가진 한계다. 여론 대부분은 특정의 시공간이 가진 지배적 이념의 범주에서 약간 나아간 정도를 드나들며 형성되기 때문이다. 우리는 빨리 저것을 이해해야 한다.

　주택이든 상가든 임차보증금, 월세, 임차기간 등은 국민 태반의 삶을 규정하는 근본요소들이다. 그럼에도 불구하고 여론의 이해와 분노의 스펙트럼이 자본의 합리주의이라는 이념이 규정하는 한계를 극복하지 못하는 것이다. 공존과 관련하여 그 국가 · 사회를 널리 지배하는 이념이 〈'공존'은 반드시 성취되어야 하는 상태이며, 개인의 노력을 넘어 그 국가적 인프라와 그 지역의 도시화 등에 의해 생산된 부가가치는 공동의 재산이라는 '공존의 개념'〉이 구축될 때, 그때 비로소 삶은 가능성으로 진입한다. 우리는 저 차원이 높은 이념을 거의 '전혀!'라고 할 정도로 가지고 있지 않다. 이러니 정부와 시민단체가 강한 추진을 하고 널리 국민이 부당함을 알고 있어도, '부당하게 누리는 1% 갑과 질곡의 99% 을이라는 폭력의 상태'를 마치 태초에 조물주가 설계한 운명인 듯이 어쩔 수 없다는 체념으로, 마치 우주의 법칙인 듯이 합리적인 것으로 이해하면서 살아가고 있는 것이다. 진보정당들의 제도권 진출이라도 빨리 이뤄지면 그나마 일정 부분의 희망을 품을 것인데, 이 역시 이 나라 국민이 가진 이념의 단순성과 한계로 인해 난망이다. 물론 국민이 가진 이념의 한계는 그 원천에서는 국민 개개인의 탓이 아니다.

이익에 체화된 시민과 기득카르텔에 갇힌 '선한 권력의지'의 딜레마

▶▶ 문재인 정부는 출범 후 1년이 지나기까지, 선한 자의 주춤거림에 관한 우려가 현실화되지는 않았다. 민주주의의 실현에 대한 견고한 의지에다 참여정부의 경험이 힘입은 바인가, 어쨌든 그랬다. 그래도 '옳음의 딜레마'는 제거되지 않는다. 상식, 합리, 균형, 절차적 민주 등으로 이해되는 '옳음'이다. 저것은 악성의 자본주의를 극단적으로 편식해버린 부정의 기능과 길항한다. 이 부정의 기능을 너무나 오랜 세월 탐식해버린 결과, '돈만이 삶을 담보한다!'라는 신념체계가 우리 모두에게 고착되어 버렸다. 적어도 이 점에서는 보수만이 아니라, 진보 성향의 사람들도 그리 크게 다르지 않다. 이 부정의 값은 돈만이 아니라 상식, 의식, 이념까지 결정해버렸다. 사적 이익으로서의 시민의식의 일반화이다. 이런 의식은 전체로서의 돈, 욕망, 사적 유리함을 잃지 않는 한계 내에서만 '옳음'을 비롯한 모든 가치를 재단하거나 허용하는 왕국이 된다. '옳음'의 집권자는 저 이기적 왕국의 값을 계산에 넣지 못한 채 나아가야 할 운명이다. 5년 단임의 권력으로는 저 거대한 왕국의 병을 치유한 후에 나아갈 수는 없다. 게다가 임기의 초반이나 전반에 승부를 걸어야 한다는 기본도 있다. 그렇다! 저 왕국의 배반가능성을 배태한 채 전개될 수밖에 없다. 시간의 경과와 함께 언제든지 발톱을 내밀 배반의 왕국이다. 개혁의 발목을 잡을 왕국은 따로 또 있다. 다들 알듯이 '갑들의 카르텔'이다. 보수야당, 보수언론, 검찰, 관료, 대기업 등이 그것이다. 견인해온 유리한 체계를 잃지 않으려는 자장으로서의 카르텔이므로, 여기에서 '관료'에는 하급의 공무원도 포함된다. 새 권력은 이 거대왕국(악성 자본에 학습된 시민의식 + 갑들의 카르텔)에서 무엇을 얼마나 실현해낼 것인가?

이리저리 긴 망설임의 그늘이 남는다. '선한 권력의지'에 덕지덕지 붙은 딜레마가 지워지지 않는다. 권위주의적 정권은 말을 듣지 않는 자들에게 '폭력'의 행사로써 해결한다. '노태우 정권'까지는 물리적 폭력을 실행한 후, 법률적 폭력으로 정리했다. 그 후 '이명박근혜'의 시절에는 어쨌든 민주화가 된 후의 환경이었으니 법률적 폭력이 실행과 정리를 담당하면서, 필요에 따라 물리적 폭력이 가세했다. '물리적 폭력의 개입'이 결국에는 담보이기 때문이다.

▶▶ 무슨 말을 하려는가? 현 집권세력은 물리적 폭력은 물론, 법률적 폭력도 행사하기 어렵다는 현실과 관련된다. ("比 두테르테 취임 1년. 지지율 75%의 '초법적 살인자'"라는 2017년 6월 30일 기사의 네티즌 댓글들을 보면… 사회정화라며 무지막지한 권력의 폭력을 휘두르는 두테르테와 같은 통치방식에 박수를 보내는 글들이 상당하고, 나아가 저런 통치를 그리워하는 기류도 꽤나 높다. 익명의 공간이니 내지름이 더 보태어졌을 것이지만, 어쨌든 대한민국은 87년 시민항쟁 이후에는 더 이상 저런 통치는 불가능해졌다. 그래서 '이명박근혜'의 권력도 저렇게는 꿈꾸지 못했고, 법률적 폭력에 저강도(低强度)의 물리적 폭력이 가세하는 방식으로 갔다.) '왕국'의 거대한 환경 아래, 노무현 정권도 그랬듯이 물리적 폭력도 법률적 폭력도 행사하지 못하고, 끝없는 타협이라는 미로에서 헤맬 수가 있다. 그래도 뭔가는 해야 하니, 이런저런 수치를 맞추다가 모조리 어중간한 스탠스로 가버릴 수 있다. '옳음'이라는 정신이 끝없이 생산하는 자기검열의 딜레마에 빠진다. 그러는 사이 집권세력에게 레임덕의 시기가 거대한 입을 벌려 다가온다. 이 '왕국'은 거대한 에너지이고, 기민하고 교활하기까지 하다. 그래서 〈언론은 보수 · 진보 가릴 것 없이 문제인 정부에게는 참여정부 때와 같은 행태의 난타는 하지 마라. 보수든 진보든 한 나라의 역사발전 차원에서 전체로서 계산한 값을 비교한 결과를 염두에 두라. 일부 부족에 대한 과잉의 비난으로 더 많은 장점까지 죽여 버려, 결과

적으로 '99% 을'을 수렁에서 꺼내지 못하고 역사발전을 지체케 할 어리석음을 범하지 마라. 지나고 보면 결국 전체로서 얼마나 개혁되고 발전되었느냐는 문제로 귀결된다.)라고 주문하고 싶어도, 저런 것이 먹힐 리가 없음과 그 없음의 허망함이다.

2018년 8월 말 현재에 이르러서는, 적어도 현재의 기준에서는 현 집권세력은 매우 아쉽고 또한 불안하다. 불공평, 부당이득, 침체, 질곡의 결정적 규정인자이자 거대한 근본모순의 덩치들(재벌, 널리 공조직 등)에 대한 결단은 하지 못하고, 돈을 풀어 현안을 해결하려는 데에 비중을 두기에 그렇다. 상황에 따른 재정의 확장집행 그 자체를 탓하는 것이 아니다. 현 집권세력도 '소명을 받은 자의 근본결단의 부재'라는 한계를 반복하는 것 같아, 아쉽고 답답하다. '촛불에너지'의 뜨거운 추동의 계속이 가능했던 집권의 시작과 함께 바로 근본결단을 할 수 있었고, 해서 그때 그 결행을 했어야 했다. 그러나 때란 선택의 문제이므로, 이제라도 근본결단의 역사적 결행이 있기를 바란다.

영화, 강연 그리고 촛불, 21세기 한국의 가능성과 한계를 읽는 키워드

▶▶ 웬 뜬금없는 영화? 괜한 것이 아니다. 이 나라에서의 영화는 긍정적인 측면이 없지 않으나, 그리 간단하지 않다. 그 진실은 이 나라 한계의 하나를 보여준다. 수백만에서 1천만의 관객을 동원한다. 인구 대비 이 정도라면 분명 이상하다. 가히 미쳤다고 해도 그리 크게 틀리지 않다. 왜 이렇게 많이들 영화를 보는가? 영화의 품질이 올라갔고 마케팅의 힘이 미친 측면이 없지 않지만, '다른 이유'가 지배적이다. '다른 이유'에는 사적 정서(—취향, 오락, 시간 때우기 등), 인문적 정서, 공적 정서(—역사와 현실에 관한 분노, 각성, 참여 등)도 포함되어 있다. 그런데! 이 나라 '인문적·공적인 정서'라는 것에 대해, 냉정히 따져 볼 필요가 있다. 영화에는 '책'과 같이 호흡이 긴 사유가 들어설 수 없고, 영화라는 도구로는 본질적으로는 인문적·공적인 정서를 담

기에는 지극히 제한적이다. 금방 알 수 있는 것으로는 호흡이 깊은 고전소설을 영화화했을 때 정말로 요약본보다도 못할 정도로 엉성함을 벗어나지 못한다. 원작소설을 읽은 후 영화를 보면 하품이 나올 정도여서, 사람에 따라서는 영화를 끝까지 보지 못한다. 반대로 소설을 보지 않은 상태에서 영화를 보면, 그 원작소설에 대해 '전혀!'라고 할 정도로 알 수 없다. 작가가 힘들게 전개하는 미묘하고 복선적인 정서나 권력의 지형, 즉 소설에서 표현된 가장 중요한 부분이 영화의 수단으로는 되지 않는 것이다. 다만, 영화를 본 후 원작소설을 읽는 경우에는 영화가 일정 부분 역할을 한다. 그런데 영화를 본 후 더 잘 알려고 호흡이 깊은 원작소설을 읽는 사람이 과연 몇%가 될까? 수동적으로 두세 시간 즐기는 것을 넘어, 그 몇 배의 시간을 인내로 버티겠다는 사람이 얼마나 될까? 영화 보기라는 편한 수단으로 '널리 문화권력'에 편입된다. 교양인의 세계에 승차하는 티켓으로서, 그 인정의 기준으로서 영화의 소비가 강제된다.

▸▸ 더구나 인문적 · 공적인 정서도 이미 '상품화'가 되어버린 현실이다. 순수한 글쟁이 영역에 있는 자들도 존재감의 획득을 향해 온갖 종류의 미디어를 타려고 미쳐 있다. 그 예로 '강연'이 있다. 가히 '강연전성시대'이다. 공급자도 수요자도 책보다는 강연이 남는 장사다. 책의 인세보다 강연료가 크고, 강연을 위한 수단으로 책을 낸다. 이런저런 짜깁기나 신파로도 '작가'가 된다. 뛰어난 독자성 · 창작성이나 심오한 사유체계는 오히려 시장에서 먹히는 데에 장애가 될 수 있다. 수요자는 인내와 땀을 요구하는 책보다는, 그냥 받아들이기만 하면 그만인 강연을 통해 지성을 얻는다. 그렇게 얻는다는 관념에 학습되어 있다. 이래서 강연시장이 책 시장을 자신의 수단으로 만든다. 진실은 '돈 놓고 돈 먹기'와 '외피를 통한 교양놀이의 공모'의 실현이다. 그 뜨거웠던 '촛불의 시민의식'에도 이미 이런 '상품화'가 침입해있다. 따라서 그 정신이 오래 견인되지 못한다. 영화

를 본 후에나 촛불의 시민집회를 마친 후에는 '스마트폰의 세계'로 회귀한다. 거기까지다. 영화이든 인문적·공적 정서이든, 그것들이 생산하는 값이 그러하니 일상의 삶에 침윤하지는 못한다. 역사 진화라는 영향성 차원에서의 관찰로는, 그 연결지수가 지극히 느슨하거나 단절된다. 결국, 영화든 강연이든 오늘날 대량적 파퓰러 지적 수단은 일정 한계까지는 시민을 깨어나게 하면서, 동시에 거대 자본의 이념의 순종자 내지 추종자로 수렴되도록 기여를 한다. 그러니까, 오늘날과 같이 대량적 파퓰러 지적 수단에 길드는 대중은 합리와 지성과 공분의 의식을 얻지만, 저것들의 실체는 이익관계의 상황에서 자기보존의 견고함을 부술 수는 없다는 것이 된다. 이익관계의 상황은 하루하루 따져야 하는 삶에 걸리므로, 일시가 아니고 상시적이다. 개별 주체의 자기보존 한계를 넘을 수 없어, 궁극으로서의 '공존의 상태성'과는 거리가 먼 각자의 뿔뿔이 찢어져 외로운 섬으로 남는다. 엄밀히 말하면, '만인의 만인에 대한 투쟁의 상태'가 때깔이 좋은 포장의 모습으로 전면적 지배하는 것이 된다. 저 저간을 알고 나면, '느끼한 버터냄새'가 난다. 그러나 한편으로 저런 불만은 완전히는 정당하지 않다. 역사발전의 길고 긴 물리적 시간성의 점, 민족분열이라는 원죄와 악성 자본의 지배가 하나의 함수로 묶인 나라인 점, 적어도 부정의를 향한 집단의 분노는 살아있는 역사(4·19, 5·18, 8·7, 촛불 등)의 나라인 점… 등으로부터 그렇다.

비정규직, 영세자영업

오늘날에는 '천부인권'이 어떻게 이해되어야 하는가. 국가의 존재 이유에서도 그렇고, 헌법적 관념에서도 그렇고, 현대국가에서는 기본적 삶의 보장을 근거로 삼는 이념으로서 이해되어야 한다. 따라서 누구나 자신의 직업행위를 통해 저축은 어렵더라도 적어도 생계는 큰 걱정이 없어야 한다. 그런데도 현실에서는 저 기본조차 어려운 '을'이 너무 많다. 세계 10위 근처의 경제력이라지만 직업행위로써 살기 어렵다는, 애쓴 일로써도 생계가 힘든 사람이 넘치는 국가라니! '헬조선, 이게 나라냐!'라는 비아냥거림이나 분노가 괜한 것이 아니다. 저 기본이 어려운 알바, 계약직, 비정규직이 넘친다. '동일노동 동일임금'의 실현이 언제 가능할지 가늠할 수 없다. '99% 을'의 불신과 원망이 국사사회의 성장과 성숙에 발목을 잡는다는 진실 앞에 모두 고개를 숙이는 날은 언제 올까? 한편으로, 21세기 대한민국에 있어 영세자영업자들의 삶은 미래가 없다. 비정규직보다 더 심각하다. 이 부분에 대해서는 해결책은 그만두고 그 논의조차 형편없다. 현재 수준의 '대기업의 골목상권 진입제한이나 업종제한'의 정도로는 어림이 없고, 구체화된 '사회적 대타협'이 요청된다. 자본주의가 외면하거나 외면하기 딱 좋은 '각자가 사업자'라는 기본 때문인가? 전혀 다르면서도 혁명적 발상이 아니면 해결이 안 되는 문제다.

소득주도성장, 최저임금

▶▶ 소득주도성장의 정책은 그 효과의 전망에 상당한 부정적 도전을 받고 있고, 최저임금의 인상 조치에는 대체적인 원성과 나아가 곡소리도 들린다. 일부는 정치적 입장에 따른 목소리일 수도 있지만, 대체로는 엄연한 현실인 것 같다. 소득을 주도로 하는 성장드라이브와 최저임금의 인상 그 자체는 옳다. 그러나 저런 것은 혼자서 성취되는 것이 아니다. 필연적으로 결부되는 요소들의 상태가 과연 어떠한가를 따져야 한다. 수요가 턱없이 부족할 정도로 넘치는 자영업의 수와 임차물(점포, 사무실, 창고 등)의 과도한 월세의 부담이 개선되어야 한다. 더 나아가 사회안전망의 부실(초라한 실업급여, 월 100만 원에도 되지 않는 국민연금 등), 널리 공직과 대기업 종사자의 우월적 수혜(직업의 안정, 고액보수, 연금 등), 과도한 수출의존과 내수시장의 빈약, 대기업·고소득자의 낮은 세 부담, 국민의 절반에 가까운 수의 소득세 면제의 상태(1년에 10만 단위에서

1~2백만 정도로라도 부담할 수 없다는 건가?! 이것만 실행되어도 재원에 크게 도움이 되는데, 이것이 안 되는 것에서 이 나라의 많은 근본을 읽게 한다.)… 등의 사정들이 어떤가도 깊이 따져야 한다. 세원의 부족을 대표적으로 해서 저런 배경적 요소들이 부족한 상태에서는 소득주도성장과 최저임금의 인상은 그 동력을 얻기가 만만치 않으리라고 본다. 위와 같은 결부되는 요소들은 이해충돌 집단 사이 대타협을 전제로 하고, 저 대타협은 그것을 가능케 할 이념을 전제로 한다. 따라서 한 시절 대리권을 수여받은 정도의 집권세력으로서는 쉽지 않은 일이다. 그렇지만 바로 그 쉽지 않다는 이유 때문에, 역설적으로 정치와 정치적 함량과 정치적 결단이 요청되는 것이다.

경제와 '99% 을'의 언어화의 결합

▸▸ '인간은 세상을 살 만한가, 행복한가? 미래에는 희망을 가져도 좋은가?'라는 것은, 결국에는 '99% 을의 의식이 무엇인가?'라는 상태성에서 물어야 한다. '99% 을'이 가진 의식의 방향, 숙성도, 견고성, 지속성을 물어야 한다. 집권세력이 아무리 빼어나도 전체로써 국민의 의식이 아니면, 결국 어렵다. '99% 을'의 의식은 환경과의 함수관계로써 지체·후퇴를 함께하며 진화한다. 역사는 절대치로서의 물리적 시간으로 구성되지 않는다. 역사의 시간은 그 시대 '인간의 의지'가 무엇이냐에 의해 조율되고, 인간의지의 산물이다. 인간의 의지는 '아는 만큼 보인다.'라는 진실과 같이 '지식'에 의해 빛을 얻는다. 지식이 발견과 각성의 기반이다.

▸▸ 그런데 여기서 중요한 점은! 이 '지식'은 단지 양을 넘어 '언어화'가 가능한 것이어야 한다. ('언어화'는 없이 '양의 지식'이 넘치는 곳, 그곳이 바로 세계에서 가장 높은 학력을 가진 대한민국이라는 나라이다.) 그 언어는 삶을 규정하는 요소들에 관한 '담론'에 참여 가능한 것인데, 그런 수준에 이르러

야 한다. 권리, 인권, 정의, 이념, 권력구조를 파지하고 따질 수 있는 바로서
언어이다. 사람이 살 만한 공존의 국가도 '언어화된 지식의 활성'을 전제
로 하는 것이다. 저것과 함께 그 국가의 '경제'가 일정 수준 이상일 것을, 즉
'언어'와 '경제'를 양대 축으로 가져야 한다. 저런 언어가 나서야 투쟁과 대
화 끝에 결과물을 생산한다. 즉, 국가 전체 경제가 가진 총량이 조율되어 평
등과 공존의 실현이다. 러시아 공산혁명이 실패한 반면, 북유럽 여러 국가
가 사회주의적 민주가 성공한 예가 그랬다. 그 근거 구조는 저렇게 의외로
단순하다. 그런데! '돈과 갑들의 능력'이 저런 의식과 언어의 성장을 교란
하는 기제로 작동한다. '무혈혁명'의 예는 인류사에 예외적이었다는 점과
도 관련성을 가진다.

　시민의식의 실체적 변화는 너무 오랜 세월이 걸리니 '상부구조'의 효
율화와 민주화를 통해야 한다는 주장에 대해서는, 여기서는 '99% 을'에
집중하는 것이다. 즉, 제도라는 상부구조의 혁신에 따른 시민의식의 변화
를 부인하는 것이 아니라, 지금 저것에 대해 가타부타하는 것이 아니다.
(중국, 베트남 등의 경제성장에 대해서는 어떻게 이해할 것인가? 우리도 개발연
대를 거치며 저 길로 왔다. 고도성장 모델인 점은 역사적 사실로써 부인할 수 없
다. 주권재민이 탈락한 상태에서의 선택과 집중이 가져다주는 효과인데, 현실과
당위를 복잡하게 따져도 선택의 문제로 수렴되어 버리는데다가 여기서 언급하기
에는 너무 길다. 싱가포르와 같은 강력한 국가통제의 부국도 있는데, 도시국가라
는 개별성 등 역시 따질 것이 너무 많다.)

'비교하는 운명'의 치유와 극복

　▶▶ '인생은 고행'이라는 시쳇말이 '어떤 불변의 진실'을 근거로 한 것이
라면, 인간은 대체로 행복할 수 없다. 그 '어떤 불변'에는 '인간은 타인과 비
교하는 유전자로 태어났다는 진실'이 있다. 절댓값인 삶의 종료 외에는, 살

아 이것보다 분명한 인간의 진실은 없다. 역사적 시간의 경과와 함께 객관적 풍요는 크지만, 저 '비교하는 유전자'에 갇히는 불행이다. (소나 개에게는 없는 불행의 유전자이지만, 인간만이 역사로서의 시간을 만드는 동력이기도 하다.) 인간은 그렇게 타인과의 상태비교를 통해 차이나 차별도, 행복도, 미래가능성도 느끼고 규정한다. 각자의 불만의 지수가 이웃이나 타인과 차이로부터 가지는 주관적 느낌이 삶의 바로미터다. 그 시대가 가지는 객관적 진화의 정도가 아니다. 눈에 보이고 귀에 들리는 바를 욕망의 그릇으로 재구성하는 존재이다. 바로 그런 존재로서의 인간이다. 아무리 부인해도 저 함수를 탈출할 수 없다. 어쩔 수 없다. 쉽게 말해 '강북'이 '강남'을 의식하지 않으면 불행하지 않지만, 의식하지 않는 것은 불가능하다. 그렇게 불만의 존재이자 불행의 화신일 수밖에 없다. 100년 200년 전 임금님보다 객관적으로는 더 좋은 의식주를 누리면서도, 현재에 관한 상태비교를 할 수밖에 없는 인간의 불만과 불행은 어쩔 수 없다. 그런 운명으로 타고났다.

▶▶ 그런데! 인간은 저런 운명을 그냥 수렴치 않는, 모순의 존재다. 불행의 염과 함께, 그것에 반하는 희망을 버리지 못한다. ('역사는 발전이 아니라 반복회귀일 뿐이다.'라는 염세적 입장에 대해서는, 선택의 운명을 타고났다는 이유로 인해 인간은 저 염세는 논할 권한이 없다.) 희망을 버리지 못한다는 것은, '인간은 희망을 버릴 권리가 없다!'라는 진실을 생산한다. 이 진실도 인간의 운명이다. 이 운명이 '세계는 인간의지의 산물'이라는 진실을 다시 생산하게 하고, 이 진실은 다시 인간의 모순을 구제한다. '99% 을'에게 '1% 갑'은 객관의 폭력이다. '갑'은 기득권인 자신의 객관을 스스로는 파괴하지 않는다. 절대! '세계가 인간의지의 산물'일 때, 그 의지의 주체가 '갑'이었느냐? 아니면 '을'이었느냐? 이것을 물어야 한다. 그 국가·사회의 상태는 그렇게 결정된다.

새로운 권력자 팟캐스트

▸▸ 근년에 이르러 팟캐스트가 여론의 지형을 흔들고 있다. 10% 내 차이에서 권력의 지형이 결판나는 현실에 비춰, 여론의 지배에 상당한 지위를 점했다. 개인방송이라지만, 상위의 팟캐스트들은 공중파나 종편의 영향력과의 투쟁을 덤비고 있다. 라디오방송의 재송출을 팟캐스트를 통하는 것도 더러 있지만, 권력투쟁의 수단인 점에서 달리 볼 것이 없다. 저 팟캐스트를 통해 유명세로 커서 공중파나 종편의 토론패널이나 진행자가 되기도 할 정도이다. ['정치' 외의 팟캐스트들은 거의 명함을 내밀지 못하고 있는데, 정치 팟캐스트가 아니면 우수한 콘텐츠를 가진 것들도 한참 뒤로 밀려난다. 가벼움, 님비(NIMBY, Not In My Back Yard)근성, 다수에 진입하려는 대중의 욕망 등이 그대로 반영된 증거여서 안타깝고 화가 나지만, 그 상세는 생략한다.]

▸▸ 그런데 팟캐스트의 앞순위를 민주당을 지지하는 그것들이 모조리 장악하고 있다. 더 정확히는 소위 '문빠'의 그것들이다. 2018년 6월 6일 14시 현재 시점에 보면… 김어준의 뉴스공장, 김용민의 정치쇼, 새가 날아든다, 이박사와 이작가의 이이제이, 이동형의 뉴스정면승부, 닥표간장, 송은이&김숙 비밀보장, 지적 대화를 위한 넓고 얕은 지식, 수다맨들, 이진우의 손에 잡히는 경제, 정영진 최욱의 불금쇼, 정치신세계, 프로파일러 배상훈의 CRIME, 법륜스님의 즉문즉설, 시황맨의 주식 이야기, 김현정의 뉴스쇼, 김프로쇼, 컬투쇼 레전드 사연 BEST 252, 백반토론… 20위까지 이렇게 되어 있다. '문빠'의 그것들이라는 점에서는 1년 전과도 다를 바 없다.

비정치 팟캐스트의 경우도 태반이 그 바닥에는 '문빠'의 정서가 짙다. 민주당 지지나 '문빠'의 그것이 아니면, 20위가 아니라 100위 안에도 보기가 어렵고, 아예 없는 건지도 모르겠다. (민주당 지지나 '문빠'라는 것 그 자체라든가, 저 팟캐스트들 사이에서 민주당 유력인사 중 지지파가 갈린다거나, 서로 패권

경쟁을 하는 현상이라든가… 하는 것들을 문제로 보는 것이 아니다.) 저들을 중도로 볼 때 보수와 진보는 출입금지라는 프레임을 구축해놓고, 다양성과 민주를 떠들고 있다는 셈이 된다. 아픈 것은 진보정당이나 진보성향의 것조차 들어설 공간이 없는 현실이다. 그나마 제도권 정당인 '정의당'조차 고개를 내밀지 못하는 정도이다. 팟캐스트를 지배하는 환경이 그렇다. '새가 날아든다'에서 논객 '황진미'가 퇴출된 일이 그 반영이지 싶다. 황폐한 진영 논리의 전체주의가 되어버린 것 같다. 서글프다. '6·13 지방선거'를 일주일 앞둔 이 시점, 정책이 실종된 가운데 민주당이 모조리 집어먹어 버릴 것 같다. 민주당 지지 중 그 일부가 진보정당으로 넘어가는 것이 결국 '진화와 공존'의 실현에 훨씬 큰 동력을 가진다는 점을 모르거나 거부하는 현실, 이것이 구체적 아픔이자 슬픔이다. (두 거대 정당이 승자독식을 해버리는, 현 악마의 선거제도에 대해서는 별론으로 하고) 진보정당이 의회의 10% 의석만 가져도 30석이고, '99% 을'은 저 30석과 함께 희망을 농사지을 수 있다.

▶▶ 촛불혁명에 이어 새로운 정권이 들어선 성과에는 분명 많은 복합적인 요인이 있었다. 흔히 그렇게 탄생하는 집권세력에 대한 낭만적 기대와 결국 염증으로 돌아서는 여론 현상이 일어날 시점이었던 점, 집권세력의 지지를 버리게 하는 상수의 문제인 일자리·일거리·사회안전망의 현저한 부족과 개선가능성에 관한 절망의 점, 보수정당에서 유래를 찾기 어려울 정도로 벌어져 버린 그들 내부의 파국적 분열, 박근혜 세력의 기이한 통치행위와 정치적 대처능력의 미숙 등이 중요한 요인이었지만, 범 민주당 세력의 상승적 조합도 상당한 몫을 했다고 보아야 할 터이다. 그것은 '범 전통적 노빠'가 가진 윤리적 토대와 '범 나꼼수'의 세력의 전략이 합체한 힘이 피워낸 영향력이었다. 팟캐스트는 '범 나꼼수'의 세력의 에너지를 전파하는 중요 수단이었다.

그러나 팟캐스트를 무기로 커온 권력은 이젠 전체 권력의 지형을 재편하고 있다. 팟캐스트 자체의 거대권력화 및 그 권력이 공중파까지 점령함으로써, 범 민주당 세력권역에 균열을 일으키고 있다. '범 나꼼수' 세력이 커지면서 '전통의 노빠' 세력과의 갈등이다. 정당 내부에서의 정파 간 투쟁과는 물론 다르고, 세력 사이 이념적 주장이 명백히 다르게 나타나는 것도 아니다. (다만, '범 나꼼수'의 세력을 계급투쟁의 이념을 유지하는 '구좌파'로, '범 전통적 노빠'의 세력을 계급투쟁의 이념과는 결별한 '신좌파'로 각 분류할 수 있을지는 의문이다.) 그 균열은 포스트 대권주자라는 포커스와 만나 뚜렷한 징표를 보인다. 물론 포스트를 노골적으로 거론하지는 않는다. '범 나꼼수' 세력은 이재명을 미래권력의 중심으로 하는 것 같은데, 이재명이 그들 세력이 확산하는 수단이기도 하다. (이 글 작성 후에 있었던 이재명과 은수미의 조폭연루설과 그 공방은 미래권력을 향한 투쟁을 표면화하고 있다. 이재명에 대한 공격이 보수 야권보다는 범민주 내에서 더 강하게 이뤄지고 있다는 점에서, 특이하면서 동시에 여러 가지를 시사한다. 단지 경쟁의 과정으로 이해하기에는 이미 무디어진 변화의 기운을 더욱 죽여 버리는 데에 보텔 것 같다.) 어느 세력이 대한민국을 위해 이익인가? 판단이 쉽지 않다. 어느 세력의 우위로 귀결될 것인가? 이 역시 판단이 쉽지 않은데, 현 정권의 남북관계를 중심으로 하는 외교적 성과와 함께 무엇보다 향후 국민경제가 어찌 되느냐에 크게 영향을 받을 것이다.

촛불, 선거, 북미회담, 북한

▸▸ 2018년 6월 선거의 결과는 대한민국의 현주소를 극명하게 규정한다. 진보세력(정의당, 녹색당, 민중당, 노동당 등)은 발을 붙일 수 없는 땅이라는 진실을 다시 확인해줬다. 절망이다. 진보세력은 그 많은 대표(광역단체장, 기초단체장, 보궐 국회의원, 교육감) 하나도 갖지 못했다. 지방의회 의원의 진출도 형편없다. 집권세력은 촛불의 정신과 직접 연결되는 진보세력과의 연정을 하지 않았으면서도, 촛불의 화력을 받은 선거에서 모든 수혜를 가져갔

다. 대구·경북을 제외한 전국이 민주당의 그물에 포섭되었다. 촛불의 세(勢)가 적폐와 구태의 지움을 넘어 평등과 진보를 향한 걸음이었으므로, 그렇다면 진보세력에 하다못해 10% 정도의 자리는 주어짐이 이치적 귀결이었는데도, 그랬다. 수구·보수의 거대정당인 한나라당이 역사적 책임으로 침몰한 자리를 왜 중도 집권당이 전부를 가져야만 하는가? 상식에도 반한다는 이 느낌의 정체가 뭔지, 이 합리적 의문이 뭔지, 대체 어디가 탈이 난 것인지 기어이 여기서 점검해야만 한다.

어쩔 수 없이 〈① 촛불의 세는 각성된 시민의식의 형성은 없는 상태에서의 일시적 분노의 표출이었다. ② 진화가 훨씬 덜된 대중은 다수나 힘이 있는 권역으로 진입하려고 욕망이 강한데, 역시나 그 욕망을 실현했음을 증명해 준 선거였다. ③ '6·13' 선거의 영향성을 클 것으로 보아 마땅했던 '북미정상회담'이 선거 바로 전날이었던 사실은 불공정의 룰이 가동되는 가운데 선거였다. '반칙'이었다. 날짜의 선택에 누구의 의지와 관계없이도 그렇게 평가됨이 정의에 부합한다. 과거 보수세력의 '북풍'의 부당과 같은 평가를 받을 당위성이지만, 저 엄연한 반칙에 대한 거론조차 두려운 분위기다.〉라는 진단이 합당하지만, 많은 경우 역사는 합리적·도덕적 기초로 작성되는 것이 아니기에 저런 진단은 그리 의미가 없다.

▶▶ 촛불의 세는 〈① '이명박근혜'의 집권으로 인한 억압과 실정과 부패가 깊어져 온 점, ② 특히 생활경제의 지속적 악화(99% 을의 일자리와 일거리의 소멸)로 인한 불만과 두려움이 커온 점, ③ '친위쿠데타'를 감행할 수는 없는 시대였던 점 ④ 상당한 수준에 이른 인터넷과 SNS(Social Network Service 교호 네트워크 서비스)에 의해 소통과 결사와 집회를 촉진하고 유지할 수 있었던 점, ⑤ 동양권으로서는 권력의 폭정에 관한 저항적 유전인자가 강한 국민성과 그 저항권의 행사를 승리의 경험으로 가진 점 등〉의 조건들의 기

본적 환경 위에, 〈⑥ 기회를 포착한 '범 진보세력'이 기술적으로 집회와 그 분위기를 잘 키워온 점 ⑦ 무당의 간섭을 받았다는 소문이 돌 정도로 제 1 권력자의 기이한 통치행태에 따른 반대효과(분노에 따른 저항감 외에도, 조롱감(권력의 폭력으로부터의 두려움을 완화시키는 기능)과 자존감·쪽팔림 (소수인 골수 지지층 외에는, 지지 세력의 일반이 이탈되게 한 기능)이 추가된 에 너지로써 가세한 점, ⑧ 집권 보수당의 분열과 착오의 점(박근혜가 가진 인 간에 대한 불신의 염과 정치적 역량의 한계, 한나라당 내 '비박' 온건 보수 세력의 착오(아직은 가치로써 보수에 대해서는 그 이해가 없음과 다수에 쏠리 는 정치적 속성을 벗어나지 못함의 상태로서의 한국 대중의 한계까지는 계산치 못 함)), ⑨ 특히 언론을 선두로 검찰, 법원, 헌법재판소 등이 변화된 대세를 따 른 기회주의적 자세전환 등〉의 특이하면서도 최적인 조건들로 결합한 결 과 성공이 가능했다.

▸▸ 그러나 '99% 을'의 삶이 어찌 될 것인지에 대해서는 근본적인 동인 (動因)구조의 함수를 봐야 한다. 무엇보다 '권력의 폭정에 대한 저항적 유전 인자가 강한 국민성'이라는 긍정의 조건은 '각성한 시민의식의 형성은 없 는 상태'라는 부정의 조건에 의해 다시 규정되는데, 2018년 6월 현재 실제 로 그렇게 되고 있다. 앞으로도 오래 그럴 것 같다. 단순하고 노골적으로 그 리고 뭉텅이로 말하면, '2번 집권 즉 10년이면, 표심은 변덕의 요술을 부린 다!'라는 경험칙에 수렴된 것이다. 그때마다 이런저런 개념적인 용어가 붙 는 오피니언 리더들의 분석이 따르지만, '민심의 권태'라는 저 거대 괴물을 극복하기에는 머나먼 훗날의 일이다.

무슨 말을 하려는가? 민주와 삶을 지향한 촛불의 세가 실현되었으면 표 가 민주당 외에도 다른 진보세력으로도 상당 부분이 이동했어야 했는데, 위 근본적인 동인구조의 함수로 인해 처음부터 불가능했고, 한편으로 국민의 99%는 저 불가능의 함수나 구조적 모순은 모른 채 표를 행사했다. 이 모순은 '객관화한 음모'이다. 무슨 문제가 남는가? 일자리 없음, 임시직·계약직 등 비정규직의 범람, 가지고 있는 일자리의 불안, 사투에 몰린 듯이 위기의 자영업, 벌이가 없어 두려운 노후 등 삶의 총체적·상시적 위기가 여전할 것이라는 사실이다. 저 총체적·상시적 위기의 집적(위기가 해소되지 않을 것이라는 절망을 포함해)은 결국 언젠가 집권세력에 대한 지지를 철회하게 만든다. {다만, 저 '언젠가'는 외치(外治)의 힘에 의해, 과거 다른 집권세력보다는 늦게 올 수 있다. 외치는 원래 여론을 단일 대오로 휘어잡아버리는 기능이 있지만, 현 정권은 북한 정권 및 트럼프 정권에 관련하여 그 성격의 개별성으로 인해 기술적 수단을 추가로 갖고 있다.}

▶▶ 삶의 총체적·상시적 위기의 계속은 그 위기가 해소될 것이라는 희망을 만나면, 그때로부터 위기의 상당부분은 사실상 해소가 시작된다. 희망의 빛은 두텁게 껴입은 옷을 벗고 양지로 나오게 한다. 희망은 의욕을 생산하는데, 긍정의 심리가 규정하는 적극적 경제현상을 말이다. 각성한 시민의식이 형성된 전제에서의 촛불의 정신이었다면, '6·13선거'에서 민주당에 간 자리들(광역단체장, 기초단체장, 광역·기초 의원, 보궐 국회의원, 교육감) 중 적어도 10% 이상(견고한 각성이었다면 20~30% 이상)은 진보정당의 것이었다. 오래전부터 각성된 시민의식이었다면, 이미 국회에서 진보정당의 의석이 30~90석(300석의 10~30%)이 되었다. 양보해서 다음 국회의원 선거부터라도 진보정당의 의석이 그렇게 될 것이다. 진보정당 국회의석이 30~40석만 되어도, 정부·여당은 그 진보정당의 의사를 적극 반영할 수밖에 없다. 유권자의 뜻을 굳이 따지지 않더라도, 그 경우 정부·여당이 함께해야 하는 '캐스팅보트(Casting Vote)'로서의 진보정당이 될 것이니 말이다. 여기서의 '캐스팅보트'는 표결을 좌우할 제3당의 표를 말한다.

그래서 정치권 전체가 실질적인 진보의 방향으로 성큼 이동을, 즉 혁명적 변화로 점진적 출발이나 도약을 하게 된다. 그래서 언젠가는 현재의 민주당 정도의 색채가 보수정당으로, 현재의 진보정당들이 중도 내지 온건진보로 정착하게 된다. 그때야 비로소 자유와 평등, 성장과 복지 등 양 가치의 균형에 의해 사람 사는 세상의 문이 열린다. 그러면 국가·사회를 전면적으로 지배하는 현재의 불신과 사회적 신뢰자산의 부재, '1% 갑과 99% 을'의 견고한 구조, 고용절벽, 자영업의 추락, 물가 및 각종 공과금의 상승, 신분질서 제조기능으로서의 교육, 결혼 및 출산의 기피, 가속도가 붙은 노령화, 사회적 수긍에까지 이른 자살, 턱없이 부족한 국민연금이 명백히 말하는바 사회안전망의 부재 등… 모든 악마적 상태는 상당 부분 해소가 된다.

▶▶ 그런데 우리의 진보정당에게는 저 10%가 어렵다. 300석 중 30석이 그렇게도 좁은 문이다. (설령 선거법이 개정되어 '표의 등가성'이 주어지더라도 '각성이 없는 시민'과 '거대정당들의 나눠먹기 기술'이라는, 저 두 악마적 조건의 결합에 의해 또 절망할지도 모른다. 제대로 된 제도를 실현할 정도로 시민의 의식이 이르렀느냐고 물어야 한다. 배제할 수 없는 진실이다. '제도'는 '의식'에 의해 조정이 되고, '의식'은 관련되는 모든 요소가 주고받은 다음에 나오는 결과 값이다. 제도가 바뀌어도 '이익으로서 정치라는 거대한 기본'은 극복하지 못한 상태에서는, 결국 자리 나눠먹기에 열려 있다.) 그래서 진보정당은 피눈물이 나고 슬픈 운명일 수밖에 없다. 바로 '각성한 시민의식의 형성'이 없는 상태가 빚는 모순이자 비극이며, 국민의 99%가 저 모순을 모른다는 사실에서는 근본 비극이다.

{이 글 작성 후에 있었던 노회찬 의원의 투신사망은 많은 것을 생각하게 한다. 돈으로부터 자유로울 수 없는 시대에 진보에게는 더 차별적 염결성(廉潔性)을 강제하는 현실, 저 거대한 모순은 기어이 제도권 진보의 상징을 죽음의 방

식으로 제거했다. 무엇보다 '이 나라 현실에서의 진보의 실현이란 얼마나 지난한가!'라는 안타까움이다. 그의 삶과 죽음이 어떻게 평가되든, 역사는 적어도 진보의 제도권 진입과 정착을 향한 그의 오랜 노고는 기록해야 한다. (많이들 그를 애도했다. 죽음에 이르기까지 있었을 그의 번민을 공유했기 때문이다. 그러나 저 정서적·윤리적 공유는 현실을 바꿀 철학을 기반으로 하지 않는다는, 그래서 일시적이거나 뚜렷한 한계를 가진다. 진보세력의 제도권 권력 확보가 얼마나 중요한지의 차원으로는 가지 못하는, 기대할 토양이 없음을 알면서도 답답함이다.) 이러고 보니 노무현 전 대통령도 함께 데려온다. 그들 삶의 궤적으로 보아 두 사람 모두 단지 정치인은 아니다. '공평과 정의' 세상의 꿈을 버릴 수 없는 혁명가였다. 그런 기질이나 피가 짙게 묻어난다. 그러나 우리의 현실에서는 살아 불가능의 꿈이니, 그들 내면 깊이 내려앉은 소망스런 삶의 불가능성과 허무의 염도 컸을 것이었다. 국토분단의 모순이 삶을 데려간, 2003년에 별이 된 현대의 정몽헌 회장도 떠오른다. 아팠던 그들의 삶이 어떤 형태로든 이 땅의 성숙에 기여하기를 바란다. 살아 땅에서의 평균율이 무거웠던 '바보님들!', 명복을 빕니다.)

또 단순히 말한다. 한나라당 다수 지배는 99%의 비극, 민주당 다수 지배는 89%의 비극이다. 그 세력 중 누구의 뜻이나 의지와는 관련이 없이 민주당도 필연적으로 89%를 분리하거나 배제하는 모형이며, 저 무서운 진실을 국민의 99%가 모르는 비극이다. 지구상에서 가장 높은 학력과 가장 우수한 정보 소통의 수단을 가진 나라이지만, 특이하거나 기이한 것이 아니다. 구체적 시공간의 독자적 진실이다. 민주당 내에는 진보적이거나 제대로 된 인사도 많지만, 전체로써 민주당의 스펙트럼은 '양극화를 유지하거나 키우는 기능으로서의 자본의 그물'을 그리 벗어나지 못한다. 다른 선진국들은 상당한 수준으로 양극화를 극복했음에도 불구하고, 세계 최강이면서 선진국인 미국은 양극화의 전형인 나라이다. 저 전형을 만든 데에 큰 원인의 하나인 미국의 민주당의 실체를 곰곰이 읽어보면, 그것으로써 한국 민주당도 그리 다르지 않게 읽는 것이 된다.

2018년 8월 현재까지가 지시하는 바로써 이 나라의 미래 흐름을 다시 읽는다. 개별 정책적으로는 합리화와 민주화를 고민하고 시행을 하면서도, 그 결과물들은 또다시 자본의 큰 거물에 갇힘을 반복·영속할 것 같다. 이미 '수정적인, 기술적인 개혁'도 자신의 수단으로 가진 '자본의 괴력'에 이기지는 못할 것이기도 하다. 자본은 자신을 불편하게 하는 저 시행에 동조하는 '널리 10%'에게도 '갑'의 지위를 승인할 것이고, 이로써 '11% 갑과 89% 을'이라는 구도가 영속화할 거대한 위험의 틀이다. 이것이 이 시대 이후 일반적 최대 진실이자 비극일 것으로 보인다. 적당한 개혁과 민주화는 진행되는 가운데, '89% 을'은 일자리 없음, 일거리 없음, 불안, 불신, 질투, 소외, 결혼의 회피, 2세 생산의 망설임이나 포기, 노후의 두려움, 자살… 등으로 온갖 부정적이거나 불리함의 삶을 운명이듯 껴안고 버텨야 할 것이다. '적당히!'는 천상의 힘이 수여한 갑들의 비법이다. 그 비법이 구축하는 세상은 전체적으로는 화려하면서 구체적 개개인은 불행을 인내해야 하는 전형일 것이다.

▶▶ 2018년 2월 특사로 온 김여정은 세계 권력의 무대에 등극했고, 한국인들에게 이미지 메이킹에 성공했다. 품위가 있다든지, 점잖다든지, 적당히 고개를 쳐든 것이 자존심이 돋보였다든지… 이런 이미지에 체포되어 버렸다. 그가 어떤 표정을 짓고 어떤 언행을 하든 그는 작품을 만들게 되어 있었다. 백두혈통의 실세라는 그 희귀성과의 목마른 조우 때문에 매직의 상태가 되어 버린, 그의 배경인 거대한 폭력의 역사는 지워졌고 그의 짧은 한두 마디에 매혹되었다. 언론은 앞다퉈 부추겼다. 특사의 신분에 대한 통보가 없었던 무례 따위는 아무런 문제가 아니었다. 예술단과 응원단은 한국의 문화현상에는 촌스럽든 말든 자신들의 방식으로 평화공세를 펼쳤다. 이어 김정은은 2018년 4월 판문점에서도, 6월 싱가포르에서도 말할 것 없이 세계의 스타가 되었다. 두 오누이는 이미지 세탁에 성공했다. 남·북 정상

회담이 성사된 바에는 집권세력의 철학도 평가를 해야 하지만, 촛불의 힘과 보수야당의 궤멸과 임기초반이라는 조건이 기여한 바가 크다. 보수자본가이면서도 전략적으로 잘 튀는 트럼프의 독특한 캐릭터가 역사의 아이러니로 물꼬를 트는데 가세했다. 물론 나이에 비해 계산이 빠르고 과감한 '김정은'이라는 존재성을 부인키 어렵다. 이어 김정은과 트럼프는 만나기 전에 밀고 당기는 흥정을 계속했다. 양쪽 다 스스로 가진 고유한 존재조건이 생산할 수밖에 없는 현상들이었지만, 통과의례였다. 통과의례이지만 그 과정에서는 피가 마른다. 둘은 결국 6월 12일 싱가포르에서 만났다. 그 전에 김정은과 중국의 시진핑이 만나 역시 복잡한 계산을 조율했다.

　▶▶ 한국도, 북한도, 미국도 사정이 간단치 않다. 우선 한국과 미국은 기본적으로 의사표시가 자유이니 늘 여론이 대립한다. 한국은 물론 남북문제라면 그 어떤 문제보다 여론의 충돌이 크다. 한국이든 미국이든 정치권은 정국주도권, 선거의 염두, 표의 계산, 정당의 지향·이념 등으로 인해 상시 갈등한다. 한편으로 북한은 그들 내부의 갈등은 일단 없더라도, 다른 측면에서는 난해한 사정을 가지고 있다. (물론 북한 군부의 불만을 잠재우기 위해 이러저러했을 것이라고들 말해지고는 한다.) 북한은 중국보다 미국과 가까워지는 것이 세계의 시장에서 유리하지만, 저것이 결코 쉬운 방정식이 아닌 것이다. 본질적인 어려움은, 즉 마지막에 가서 남는 난제나 한계는 결국 북한이 '세습의 권력'이라는 그 자체에 있다. 북한이 세습의 권력이라는 것은 통일의 진전을 난해하게 만드는 것이지만, 북한 자신뿐만이 아니라 모든 관련 국가들에게 복잡한 함수를 제공한다.

　북한의 통일의지는 절대세습권력의 내적·외적 보전을 전제로 한다. 이 전제는 북한민중의 반란을 완전히는 피할 길이 없다는 내적 불가능성과, 어느 시점에는 절대세습을 거부해야만 하는 남한의 입장이라는 외적 불가능성에 충돌한다. 하나의 가능성은 북한의 세습권력이 북한민중의 반란 가능성을 착오하는 것인데, 그러기에는 저 세습의 권력이 영민하다. 베트남 방식의 개방이니, 중국모델의 경제이니 하지만 북한의 사정은 다르다. 저런 모델이나 그에 가까우려면 상당한 개방을 전제로 하는 것인데, 북한은 그렇게까지는 할 수 없다. 그렇게까지는 북한의 세습권력에게 너무나 많은, 그리고 길고 긴 고민이 따른다. '개방의 정도'와 '세습권력에 대한 역사의 단죄가능성' 사이의 긴장과 그 고민이다. 북한은 의식주의 부족, 정보통제, 인권제한, 적대적 안보 등으로 세습권력을 유지해왔다. 인간은 '인식과 가능성의 환경'에 따라 자신을 현현한다. 개방으로 북한인민이 그 인식과 가능성의 환경을 갖게 되었을 때를 가정하면, 북한의 권력층은 민중의 반란을 계산하지 않을 수 없다. 이것이 남북문제의 근본적인 한계이자 함수이며, 될 듯 말 듯의 반복과 짜증을 생산하게 하는 근원이자 난해함이다.

▸▸ 북한의 세습권력의 장기화가 가능했고, 앞으로도 그렇게 함에 기여할 특수한 환경을 살펴야 한다. 1989년 동유럽 국가들의 공산체제 붕괴가 있었을 때, 남한의 식자들은 많이들 북한도 그때 곧 무너질 것으로 떠들었다. 너무나 반가운 충격에 체포되어 북한과는 전혀 다른 그쪽의 사정들(―북한만큼의 완벽히 꽁꽁 묶인 통제국가들은 아니었던 점, 북한처럼 휴전선과 중국·러시아 사이라는 지리적 폐쇄성에서부터 자신의 국민은 통제하기 딱 좋은 사정은 아닌, 즉 다른 서구 선진국들의 영향을 받을 환경이었던 점, 이미 구소련의 연방해체가 이뤄지고 있었고 상당부분 시장경제가 가동되고 있었던 점, 공산세력과 자유세력 사이 정치적 협상이 수년째 진행되어 왔던 점 등)에 대해서는 곰곰이 따져 보지 않았다. 물론 저런 것을 알면서도 국내용 정치적 계산에 따른 것도 있었을 것이다.

북한을 어떻게 이해하든 절대세습 권력이라는 북한의 사정과 여전히 세계패권국가인 중국·러시아와의 결합성을 기본으로 가진 바이니, 한국의 통일은 독일의 그것보다 훨씬 난해하고 오랜 세월이 요구된다. 그렇더라도 한반도 통일의 난해한 조건도 인간 의지의 산물로써 역사의 과정 안에 있다. 핏줄과 이웃의 죽음에, 누대에 걸치는 전쟁의 상처에, 다시 춥고 배고픈 땅으로의 전락에, 인간세계를 가장 치사하게 만드는 양극화(전쟁은 최악의 양극화를 고착한다.)에 빠지지 않을 길은 긴장의 완화 가운데 나올 수밖에 없다. 인간사에서 난해한 문제는 합리와 정당에 어긋나는 과정을 힘들고 복잡하게 통과하면서 해소된다. 인내, 용기, 지혜와 같은 덕목의 요청이다. 북한의 불합리, 부당, 트집 잡기, 때론 허언의 '자주국가' 운운 등에 대해 모른 척해주는 가운데, 소통의 지속성이 관건이다. 개성공단을 재개라든지, 그렇게 하나씩 풀어가야 한다. 북한이 가진 근본모순을 분명히 하면, 남한으로서는 인내 외에는 믿을 길이 없다는 결론에 이른다. (물론, 역사적 관점에서의 북한이 가진 근본모순이라는 것은 세계전략들의 산물, 즉 부정적 외부효과의 결과물이다. 이념이 평계로 끼어든 채 국제권력 게임의 그것이었다.)

▶▶ 6월 12일 북미회담의 결과물을 두고 국내외에서 극명하게 입장이 갈린다. 비판하는 쪽은 기껏 그 정도를 하려고 그렇게 요란을 떨었느냐는 것인데, 물론 비판의 중심은 북한의 비핵화에 담보가 없다는 것이었다. 저 북미회담과 '6·13 선거'의 결과는 흡수통일의 신봉자들에게는 소위 '이민이라도 갈 수 있었으면!'이라는 정도의 충격이다. 촛불 이후 줄곧 코너에 몰려온 탓에, 많이들 충격이라기보다는 자괴의 염에 갇힌 것이다. 보수정당은 정치라는 권력으로부터 하차할 수도, 달리 변화의 선택지도 찾지 못해 오래 방황할 것이다. 한편으로 핵보유국으로써 북한의 실체는 지울 수 없음을 인정하면서도(대외적으로는 절대 아니라고 할 수밖에 없다.), 한국이든 미국이든 그 집권세력은 각자 가진 고유한 이유에서 다른 너스레를 하고 있다고 많이들 보는 것도 같다. 북한의 핵 보유에 대하여, 한국과 다른 나라들 사이 입장 차이가 현격할 수밖에 없는 진실도 있다. 우리는 '통일되면 북

의 핵이 바로 우리 한민족의 것이잖아!'라는 진실 그 자체는 부인할 수 없고, 솔직히는 그 유혹도 절대 적지를 않다. 그러나 어쨌든 숱한 희망, 절망, 불신, 짜증, 망설임, 다시 희망, 절망… 저것들이 오랫동안 반복할 것이다. 그 반복의 근원 중에는 임기가 있는 권력과 영속적 권력 사이의 계산과 협상이라는, 저 근본모순이 상시적 조건으로 존재한다. 한계조건이다. 저 한계는 어렵게 합의를 한들 그 효과의 지속을 보장할 수 없게 만들지만, 협상 자체에서부터 각 당사자의 입장과 태도의 큰 영향인자다. 숨어 가동되는 간섭이다. 집권세력의 성격이나 상황에 따라, 나아가 악의가 없이도 언제든지 국내 정치의 수단이 될 수도 있다.

　▸▸ 난해한 문제를 쉽거나 간명하게 푸는 길은 없다. 조물주가 어려운 것은 더 많은 인내와 더 긴 시간을 바치도록, 사물과 세계가 그렇게 되도록 만들어 놓았다. 무엇보다 기억해야 하는 것은 '함께 해결'해야 하는 사이나 사정의 경우에는 만남 자체가 없는 상태가 가장 나쁜 결과를 만든다는 진실이다. 만남이 유지되고 있으면 어쨌든 전체적으로 0에서 플러스로 가게 되지만, 만남이 없으면 0에서 마이너스 값으로 간다. 만남의 개별 단위에서는 불만이나 후퇴인 경우도 있지만, 만남의 계속은 전체로써 플러스를 만들게 되는 것이다. 남북의 과제는 당연히 만남의 계속을 요청하는 성격을 갖고 있다. 그것도 절대로! 저 만남의 계속이라는 현실과 당위에도 불구하고, 만남이 필요 없다거나 그 자체를 거부하는 정서는 무엇인가? 적화통일이나 흡수통일의 경우 외에는 달리 타당한 이유가 없다. '적화'나 '흡수'는 그 부정적 후폭풍은 물론이지만, 어쨌든 거래 중에 이익을 계산해야 하는 시대인 이 21세기에는 전혀 부합하지 않는다. 더구나 남한과 북한이라는 개별성과 특수한 성격상, 다른 국가나 사례의 이해로써는 패착이 된다. 따라서 만남이 계속될 것이라는 트럼프의 기자회견에서 말에 대해서 한국의 입장에서는 볼 것도 없이 힘을 실어줄 이유와 실익이 있다.

그것이 2018년 11월 미국 중간선거와 재선도전 등 그의 정치적 계산과 결부된 것이더라도, 만남의 계속을 전제로써만 가능성이 열린다는 이치적·객관적·역사적 진실을 우리는 선택해야만 한다. 같은 궤로써 북미의 합의사항이 선언적인 것이 지나지 않았다는 불만이나 비아냥거림에 대해서도, 우리는 통과의례로써 대범하게 관통하면 된다. 그래야만 한다. 미국, 중국, 일본, 러시아 등 국제패권과 결부되어 얽혀버린 집구석인 이 한반도에서는, 만남의 계속이 유지되는 가운데 지지고 볶으면서 '미운 정, 고운 정'이 들며, 그래서 어둠을 지우는 것이지 특출한 묘수나 비법이 있는 것이 아니다. 한편으로, 남북정상회담, 북미정상회단, '6·13' 지방선거… 이 모든 것들이 진행되던 시간, 나는 흥겹지 않았다. 미국과 가까워져 북한도 중국과 같은 형태로든 어쨌든 적어도 경제는 신자유주의적 경향의 편입을 가정할 때, 민주당이 압승했다고 해서… 주된 관점인 '이 나라 99% 을의 삶이 달라지는가?'라는 물음에, 그 우울함에 줄곧 걸려 있었다.

세월호 참사

▶▶ 2014년 4월 16일 대한민국 남쪽 바다에 양민학살과도 다를 바 없는 사태가 일어났다. 세월호 참사! 국가·사회적 차원의 지극한 탐욕과 책임의 회피가 구조적으로 깊숙이 스며든 원인에 기인한 것이었으므로, 악의 적극적 행위로서의 학살로 평가됨이 마땅하다. 승객을 검은 바다에 버리고 도망한 선장과 선원들의 사악함은 말할 것도 없었지만, 가장 중요한 존재이유인 국민의 생명보호로서의 국가가 없었다. 국가의 모든 역량을 투입해야 하는 수 시간 골든타임을 그렇게 버린 것은, 21세기 대한민국의 경제적·군사적 역량에 비춰 논리적·합리적 이해를 불가능하게 했다.

사고의 원인을 밝히자며 유족, 야권, 시민단체 등이 무던히도 밀어붙였다. 유족의 의지와 그 지구력은 눈물이 날 정도로 지극했다. 그러나 집권세력은 지연을 넘어 비열한 수법을 동원해 방해로 일관했다. 그럴 수밖에 없었다. 이 경우 저들은 달리 선택의 여지가 없다! 진상의 요구가 단지 사고 자체가 아니라, 신격화한 돈과 그들만의 리그로 빼돌린 자리에 관한 역사의 민얼굴을 보자고 덤볐기 때문이다. 국가·사회의 구조적 부패의 모형을 한 국가가 흘러온 역사적 궤적을 읽는 차원에서 밝혀야 한다는 것이었다. 저것을 까발리는 것은 집권세력을 넘어, 이 나라 전체 기득 네트워크의 옷을 벗겨버리는 것이 된다. 국가를 지배하는 장물(贓物)의 발생구조를 만천하에 드러내고, 이어 그들의 목을 조이는 것이다. 해서, 밝혀질 수 없다. 불가능을 설정한 것이었다. (물론 그것이 뭔지 우리는 대충은 안다. 그리고 새로운 집권세력에서 다시 밝힌다고 하지만, 약간 더 나아가 성과 이상은 여전한 거대 사회구조상 어렵다.) 국가·사회적 부패구조까지는 밝히지 못했지만, 무의미한 투쟁은 결코 아니었다. 역사의 발전은 어떤 목표에 따른 결과가 아니라, 그 과정에서의 일부의 성과와 때론 실패까지 포함하는 경험의 값으로부터 생산되기 때문이다.

▶▶ '세월호 참사'의 후폭풍은 변혁을 요구하는 바람을 일으켰다. 변혁의 과정은 부정의(不正義)나 악마의 힘도 받아 추동된다. 거대한 회오리 안으로 어떤 부정의가 은폐되어버리거나, 때론 부정의가 정의인 듯이 취급받는다. 때론 부정의가 정의와 합체해서 전체의 동력을 더 맹렬하게도 만든다. 거대한 방향성을 가진 대세에 묻혀 인식하지 못하거나, 맹렬한 이슈가 가진 폭력이 두려워 명시적 진술이 되지 않는 부정이다. 두려움은 대세가 가지는 폭력적 세(勢)에 의해 반동(反動)으로 몰릴 수 있다는 그것이다. 소련의 공산혁명, 중국의 문화혁명, 6·25 때 국군과 공산군 사이 양민의 입장을 말하는 것이 아니다. 일상에도 언제든지 침투하는 부정의다. '세월호'의 분노가 일으킨 바람 안에도, 그렇게 묻어간 그 무엇이 없지 않았을 것이다.

참사에 관한 진상의 요구에 부정의라니, 무슨 말을 하려는가? 부당한 피해를 원상으로 회복하는 수단으로는 돈밖에 없다. 국가에 의한 가해자의 처벌 외에, 그 피해자나 유족에 대한 회복의 수단은 보험이든 가해자의 재산이든 결국 돈이 수단일 수밖에 없다. 현실에서는 그럴 수밖에 없다. '죽음의 원인은 다르더라도, 그 배상의 금액은 다를 수 없다.'라는 것은 당위이자 정의이다. 거대한 사회적 이슈가 되거나 집권세력의 책임으로 비난이 커져버리는 사고에서는, 저 정의가 흔히 무너져버린다. 거세지는 언론과 여론의 압박과 지지율 추락에 따른 두려움으로 인해, 집권세력은 어떻게 하든 돈으로 봉합하려는데 급급해진다. '진상의 조사 및 사후 보완대책' 대 '돈'과의 싸움이다. 사회적 부패구조를 포함해 사고의 진상조사와 제도적 보완대책이 어떻게 진행되는 지와는 별도로, 어쨌든 집권세력에게 큰 부담이 된 사고에서는 그렇지 않은 통상에 비교해 어떤 경로로든 훨씬 많은 배상금이 지급된다. 여론과 집권세력의 압박이 두려운 관련 기업의 보상금과 이런저런 성금도 포함되는 등 훨씬 많은 배상이다. '세월호 참사'의 경우 어떤 수준의 배상인지 모르나, 그 어떤 억울한 죽음이든 '죽음의 원인에 따라 배상이 다를 수 없다.'라는 정의가 침해되면 아니 된다. 저 정의가 무너지면 가벼운 욕망과 함께 '망자를 수단으로 하는 관장사'라는 비난·불신이 그 사회에 은밀하고 깊게 배임으로써 분열, 사회적 통합의 저해, 기회주의적 사회화의 촉진 등에 기여를 하게 된다. 저 정의도 그 죽음의 사회적 원인을 규명하는 정의와 함께 살아 있어야 한다. 억울한 죽음에 대한 애도와 함께 저들 정의에 대한 관념이 모두 분명할 때, 그때 비로소 그 국가·사회는 균형과 성숙의 길로 들어선다.

(국가와 청해진해운이 공동으로 책임지는 손해배상의 1심 판결에 관한 보도가 윗글이 작성되고 한 참이 지난 뒤인 2018. 7. 19. 날 있었다. 판결의 취지에 따라 예를 들면, 어느 희생자 학생의 유족이 부모와 오빠로 3인 경우 총 6억 7,000여만 원을 인정했다는 보도였다. 국가의 책임과 배상의 금액에 관련하여 다른 사고들과 형평성의 여부를 중심으로 하는 네티즌들의 의견이 많았는데, 판시와 배상에 관련한

자세한 사항은 보도를 참고할 것이다.)

김광석의 향기가 머금은 분노나 억울함

▶▶ 김광석은 그와 같은 또래의 세대를 넘어, 그리고 그 시대를 넘어 오늘에 이르기까지 각별한 사람으로 살아 있다. 떠난 지 오래된 그가 그렇게 유별나게도 소환되는 바에는 무슨 까닭인가? 우리가 그로부터 무엇을 수여받기 때문인가? 한두 가지가 아닐 것이다. 물론 음악적 재능에다가 그의 목소리가 가진 짙은 호소력과 울림이 그 기본으로 가진다. 그의 노래에는 그 외에도 뭔가 색다른 바로써 우리의 삶 자체가 담겨 있다. 대중가요가 대개인 단지 청춘의 애증을 넘어서고 있다. 가사가 그런 경우에도, 삶 자체의 본질적 잉여로써 그리움이나 비애를 품고 있다.

단지 비애만은 아니다. 현실의 폭력에 대한 거부나 저항이 은밀히 함께 예술적 조합으로 스며든 노래도 더러 있다. 오늘날 광폭의 악기와 방송을 현대 자본권력의 하나라고 전제할 때, 저 권력의 수혜를 떠나 현장공연을 주로 한 그의 태도에서도 그 거부나 저항을 엿본다. 청중과 직접 소통을 했고, 단지 기타와 하모니카라는 단순한 차림이었기에 오늘에 이르러 더욱 차별적이다. 오늘날 맞닥뜨린 가치·직업·관계로부터 우리의 결핍이나 소외에 대해, 그의 공연기록에는 그 지극한 우리의 현실을 대신해 울어주는 뭔가도 있다. 그에게는 음악적 성숙을 향해 남다른 각오와 노력을 한 흔적도 있다.

그리고 독보적 울림을 주는 자의 요절로부터 배가되는 안타까움과 애틋함이 있는데, 그의 죽음에 대한 의혹은 우리를 안타까움에서 자꾸만 분노의 정서로 데려간다. 현실적인 근거는 없게 되었다고 볼 사정임에도 불구하고, 우리는 분노와 억울함으로부터 쉽게 벗어나지 못한다. 그 벗어나지 못함에는 뭔가 색다른 이유가 있을 것인데, 우리는 그것을 모른다. 이 글은 단지 그에 대한 감상이 아니라, 그 이유 중의 하나라도 읽으려는 뜻이다.

▸▸ 이상호 기자가 김광석 처 서해순의 명예를 훼손했다며, 경찰이 기소 의견으로 검찰에 송치했다는 보도가 2018년 7월 초에 있었다. 그와 딸의 죽음에 대해 증거 없이 그녀를 몰아세웠다는 경찰의 판단이었다. 유명인 죽음의 사정에 대한 국민 알권리와 합리적 의심이나 법이 허용되는 한계 사이의 충돌, 문제를 제기하는 측의 표현 정도, 예술로서의 영화적 표현의 자유의 한계, 특정 기자의 특유하고 집요한 성향, 김광석 팬덤의 문화현상 이 불편한 그녀의 방어태도 등 복잡하다.

어쨌든 그녀를 비판하는 목소리는 길이 막히게 되어 있고, 이미 실제로도 그렇게 보인다. 수많은 사람들의 김광석을 향한 애틋함도, 결국에는 현실 의 '합리의 왕좌'에게 무릎을 꿇게 되어 있다. 그녀를 비판하던 분위기는 줄 어든 상태이고, 방송이나 팟캐스트에서의 목소리도 그렇다. '증거가 없다!' 라는 전제에서는 어쩔 수 없다. 그러나 그럼에도 불구하고 수많은 사람들이 뭔가의 오류와 억울함의 정서를 떨쳐내지 못한다. 그녀를 이치적으로는 비 판하지는 못하면서도, 그 정서는 오래도록 그럴 것이다. 혼란스러운 가운데, 스스로 원인을 모르는 가운데 그에 대한 안타까움과 분노 그 자체는 오래 어찌 못할 것이다. 그가 안타깝고 그녀가 미우면서, 그녀에 대한 미움에 붙 은 그 무엇 때문에 그에 관한 안타까움과 그녀에 관한 미움이 더욱 커지지 만, 논리적으로는 맥 빠지고 때론 혼란스러울 뿐 어찌 못한다. 왜 그런가?

{김광석과 관련한 우리의 정서는 마치 정부가 아무리 노력해도 수많은 사 람들이 부동산 재화와 관련한 박탈감을 어찌 못하는 문제와도 크게는 그 궤를 같이한다고도 볼 수 있는, 그래서 사람들이 분노와 짜증과 좌절을 어찌 못 하 게 하는 것과도 같은데, 왜 그런가? (우리의 불균형 경제를 전체로써 조망하여 흔히

'1% 갑과 99% 을'의 상태라고들 진단한다. 판단의 기준에 따라 '0.1%, 99.9%'일 수도 있고, 더 세분하여 '1%, 10%, 90%'일 수도 있다. 그중에서 과연 살 만한 나라이냐를 기준에서는 '10%와 90%'로 보는 것이 정직한 판단이다. 이미 중산층의 상당 부분이 무너졌고 패자부활이 어려운 시대의 사정이라는 전제에서 삶의 안정성을 확보했다고 볼 자들을 실질적인 중산층으로 보았을 때, '10%'는 정말 살 만한 나라이고 '90%'는 현재는 물론 미래도 닫힌 상태이다. 이 '10%'는 대한민국의 상태성에 대하여 많은 것을 함의하면서, 동시에 그 성격상 아주 특별한 사회적 에너지가 일어나지 않는 한 해소되기는 어려울 것이다. 아프고 우울한 전망이지만, 진실 앞에 어쩔 수 없다.) 다양한 경제민주화 조치에도 불구하고 그 의도와는 달리(현실과 이념의 상태성 사이에서 다시 따져야 하는 '의도'이지만) 전체적으로는 결국에 저 10%의 이익으로 귀결되는데, '다양한 경제민주화 조치'라는 저것이 어쨌든 다수 국민을 위한다는 형식을 가지기 때문에 훨씬 많은 사람들이 저 귀결의 가능성을 포섭하지 못한다.)

▶▶ 여기서, 우리 모두에게 거대한 규정인자인 '소유권'에 걸린 것을 생각하게 한다. 물론 저것이 전부는 아니지만, 더 깊은 곳에서 단단하게 규정하는, 그 누구도 어찌할 수 없는 저 '소유권'의 제왕적 힘 아래서 굴복하는 우리가 있다. 그 굴복이 안타까움, 굴욕, 혼란이다. 그의 지적 생산물의 값이 구체적으로 어떻게 귀속되는지는 모르지만, 어쨌든 더욱 그 귀속이 그에 대한 안타까움과 그녀에 대한 미움을 크게 할 수밖에 없을 터이다. 상속제도에 대해 어찌 못하는, 즉 얄미운 법에 대한 불만인데, 여기서 나아가 그의 지적 생산물의 값이 공유재산이 되지 못하는 제도에 관한 의문을 갖게 된다면? 기성의 제도나 당연하다고 여겨온 관습에 관해 의문이나 부정의라는 관념을 갖게 된다면? 그런 사람이 많아지면 말이다. 이런 새로운 인식이 훨씬 많은 사람들에게 집적될 때, 그때 비로소 변화를 향한 모태가 힘이 있는 그 근거를 가진다. 거대 환경인 자본과 소유권의 제도 그 자체는 어쩔 수 없더라도, 지금보다 훨씬 많은 경우가 공공재로 인정될 수도 있는 배경

으로써 널리 이념의 발아를 말한다. 그리하여 김광석에 관한 우리의 안타까움이 짜증이나 억울함이 아닌 애도로 나아갈 수 있지 않을까. 일찍 떠남에 배인 것이 허무이든 억울함이든, 이에 김광석과 그 노래도 만인의 공기를 숨 쉬며 한결 편안해질 것만 같다.

결국 길은 '사회안전망'

▸▸ 2018년 8월 삼나무숲 길로 유명한 제주도 비자림로 확장공사로 인해 500m 구간에 있던 915그루의 삼나무가 잘렸다. 제주도지사 측은 이 확장공사에 대해서 〈사회의 기초 인프라이자 주민숙원사업으로써 도로의 필요성도 중요하지만 아름다운 생태도로를 만드는 방안을 마련해야 한다. 삼나무 수림 훼손 최소화 방안 등을 포함하는 종합적인 검토를 통해 합리적인 방안을 마련되기까지 공사를 중단한다.〉라는 취지를 밝혔다. 시민단체·진보정당은 공사 전면 백지화의 입장이고, 지역주민들은 공사가 계속되어야 한다는 입장이다. 시민단체·진보정당은 〈비자림로 확장·포장 공사는 제2공항 재앙의 서막일 뿐이다. 자연경관을 제1의 가치로 지닌 제주에서 도무지 납득할 수 없는 사업이다. 비자림로 공사가 공분을 사는 이유는 제주만의 자연경관을 파괴하기 때문이다.〉라는 입장이고, 청와대 국민청원 게시판에도 공사 중단을 촉구하는 청원이 잇따랐다. 언론보도에 대한 네티즌들도 대체로 〈제주도에 시멘트칠 제발 그만하라. 제주도가 가진 특별한 자연이 없어지면 그곳에 관광할 이유가 없어진다.〉라는 등으로 도로확장에 대해 부정적이다.

이 도로확장의 문제뿐만이 아니라 제주도 전체에 대해서… 개발을 통한 성장에 신념이 강한 자들, 제주도 지배하는 권력자들, 상당수의 제주도 주민들(지역적 사정에 따라 다르겠지만) 외에는 한국인 대체로가 더 이상은 제주도의 개발에 대해서 등을 돌리는 정서로 보인다. 지역주민들은 〈지역과 제주시를 연결하는 비자림로는 지역주민들이 가장 많이 이용하는 도로이다. 의료 · 교육 · 문화시설이 절대적으로 부족한 지리적 조건과 농수산물의 물류이동 활성화를 위한 기반시설로써 필요한 사업이다. 자가용과 렌터카, 대중교통, 화물차 등 수많은 차량이 통과하는 해당 도로는 비좁고, 겨울철 삼나무 그늘로 인해 도로가 쉽게 얼 뿐만 아니라 추월하는 차량 간 위험이 상존하는 등 도로 확장 · 포장은 주민의 생명권 보장을 위해 꼭 필요한 사업이다. 자연환경보존을 빌미로 지역주민의 생존권을 짓밟는 행위를 중단해야 한다.)라는 등의 취지를 가진다고 한다. 표현은 저렇지만 단지 '생존권'을 넘어 땅값의 상승을 기대하는 사람도 없지는 않을 것이다.

이 글은 제주도를 논하려는 것이 아니다. 개발이 막힌 특정 지역 주민들의 생존 문제에 대한 거론이다. 자연 · 생계계의 보전과 관련해서 말이다. (과거를 사그리 갈아엎어 버리고 삭막한 아파트 시멘트 덩어리가 되어버린, 그래서 그 나라의 전통 · 고유성이 없어져 버린 거대 환경 앞에서는 무릎을 꿇을 수밖에 없지만, 저것은 별론으로 하고) '자연 · 생계계의 보전'과 '특정지역의 개발금지' 사이의 문제는 굉장히 난해하다. 성격이 다르지만, 둘 다 보살펴야 하는 절대 가치이기 때문이다. 전자는 굳이 따질 것도 없는 가치이고, 후자는 생존과 공평 · 정의의 문제이다. 예를 들어, 하나의 마을에도 밭농사 외에는 할 것이 없는(돈이 안 되는) 국도 근처에 땅을 가진 자들과 국도에서 멀찍이 떨어진 곳인 평야지대에 땅을 가진 자들이 있을 때, 수십 년이 지나면서 국도쪽의 지주들은 온갖 개발로 부자가 되었고, 평야지대의 지주들은 이런저런 이유로 개발이 막히고 땅값도 오르지 않아 삶 자체가 곤경에 빠진 세월이다. 이런 현상은 사실은 하나의 예가 아니라 전국적으로 산재한 현실이다.

경제가 삶을 결정하는 시대에 저 후자의 박탈은 어찌해야 하는가? 같은 마을의 일군(一群)이 가진 땅 값의 엄청난 상승이나 토지보상금의 풍요를 빤히 보는 후자들의 박탈감과 삶은 어떻게 해야 하는가? 그냥 그건 그들의 운명으로 수렴해버리면 그만인가 하는 문제이다. 성장의 밀도를 위해 인정되던 '개발연대'의 시대가 저만치 지나버린, 즉 21세기 대한민국의 정도에서는 어떻게든 해결해야 한다. 서울 어디에는 30평대 아파트가 10억 20억 나간다는 사실과 같은 지역인데도 땅으로 아파트로 큰돈을 번 자들을 빤히 보고 있는 사람들, 수십 년 그리 오르지 않았고 앞으로도 달라지지 않을 땅을 가진 수많은 사람들은 어찌해야 하나? 땅은 가졌으되 상대적 박탈을 넘어, 삶 자체가 고통스러운 사람들도 부지기수인 나라이다. 자연의 보존과 개발, 이 상반된 두 개의 가치 충돌을 어찌할까? 결국, 그 국가 전체의 이념의 문제일 터이니, 참으로 난해하다. 적어도 삶 자체가 고통에 빠진 사람은 구제되어야 하지만, 평생 나아가 그 자손까지 '흙수저'를 벗어날 수 없다.

상대적이든 절대적이든 박탈감에 대한 불만이, 사실은 삶이 불안한 사실에서 비롯된 것이 아닌지 국가를 간파해야 한다. 평생 나아가 그 자손까지 '흙수저'를 벗어날 수 없다는 인식에 따른 불안이다. 결국, 해법은 '사회안전망'의 존재이다. 저 '사회안전망'이 그 실질을 가진 국가라면, 생존의 불안에서 벗어나고 나아가 상대적 박탈감도 상당 부분 감소한다. 2018년 8월 중순 국민연금 기금고갈의 위험이 강조되며 시끄럽다. 제도를 만드는 자들은 수많은 연구와 방안을 제시하지만, 스스로 '갑'이어서인지 실체인 '용돈 수준의 연금'의 점에 대해서는 그 언급을 회피한다. 국민연금은 월평균 수령액이 40만 원에 못 미친다고 한다. 이것이 '사회안전망'인가. 달리 소득이 없는 노령에 저 돈으로 어찌 살라는 건가? 국민연금 제도에 지배적 영향력을 가진 위정자들, 제도연구의 결과물을 제공하는 학자들, 제도와 관련된 고위관료들… 저들은 자신들은 이미 안전망을 확보했다고 '40만 원에 못 미친다!'라는 비극은 애써 외면하고 엉뚱한 소리들만 쏟아내고 있으니, 정말이지 염치도 없고 낯짝에 철판을 깐 것이 아닌가.

'삶의 사회적 결정인자들'에 결부나 종속되는 '성적 자기결정'

▶▶ 대단한 이슈가 되어버린 '비서 성폭행' 혐의를 받은 안희정 전 충남지사 사건에 대하여, 일부 여성계의 처벌주장이 강하지만 여론의 대세는 화간으로 이해하는 것으로 보였다. 그런 가운데 1심 법원은 2018년 8월 14일 무죄를 선고했다. 학습적 무기력 상태(혐오적인 사건에 직면해 무기력해지고 현실순응적이 되는 심리상태), 성적 그루밍(Grooming, 성적 의도를 가지고 피해자에게 접근해 먼저 상대의 호감을 얻고 신뢰를 쌓은 뒤 성적 가해 행위를 자연스럽게 받아들이도록 길들이는 것), 노 민스 노(No Means No, 명시적으로 성관계를 거절했는데도 상대방이 행위를 시도할 경우, 이를 성폭력으로 본다는 제도), 예스 민스 예스(Yes Means Yes, 적극적인 동의가 없는데 성행위를 가졌다면 성폭력으로 처벌할 수 있다는 제도) 등이 판시에서 거론되었다고 하니, 재판부가 무척이나 고심한 흔적이다. 물론 '미투'라는 큰 운동의 자장 안에서의 판결이었기에 저런 '관념들'이 나왔을 것이고, 어쨌든 담론의 차원이 거론되었다는 점이 주목된다.

판결 후 여성계의 불만은 고조되고 있는데, 현실화가 가능하지 않은 불만이면서도 무의미하지 않은 운동이다. 이미 보도된 사실들만을 전제로 했을 때, 2018년 현재 대한민국이 가진 환경에서는 이 사건은 무죄 외에 다른 결과가 나올 수 없다. 위와 같은 관념들에 관한 '입법'이 거론되지만, 배경요소가 부재한 환경에서의 입법은 불로소득의 욕심이면서 동시에 모순을 초래한다. 그러면서도 한편으로는 앞서 가는 입법이 의식과 현실을 개선하게도 한다. (성범죄의 피해자와 뇌물죄 교부자의 진술에 의존하는 현재 판례와 법 실무는, 어쨌든 객관적 진실은 아니라는 점에서도 그렇지만 '증거재판주의'에는 엄연히 반한다. 순결한 법 논리로는 억지이다. 그러나 법은 그 시대가 가진 제 조건을 전제로써 현실을 구제해야 하므로, 위 피해자나 교부자의 진술에 의존함은 불가피한 점이 전혀 없지는 않다. 물론 진술의 구체성, 합리성, 경험칙, 일관성 등을 엄정히 따져야 한다.)

　'권력을 가진 자를 통한 자리 등 현실적 이익을 얻는다는 욕망으로 인해 관계를 맺은 것이 아니냐!'라는 식의 네티즌 말들도 있다. 저것을 어떻게 볼 것이냐? 고율의 이자 때문에 돈을 넘긴 피해자의 불순한 욕망이 개입했다고 해서, 사기꾼이 무죄가 되지 않는 것과는 그 성격이 다른가? '성적 자기결정'이 '삶의 사회적 결정인자들(자리나 사업의 수여받음이나 그 계속이나 승진 등, 기타 경제적이거나 권력적 취득의 기회 등)' 앞에서 흔들렸을 때, 법은 저 흔들림에 대하여 어떤 규범적 판단을 해야 하는가의 문제이다. 저 '삶의 사회적 결정인자들'을 보유한 자는 명시적 폭행이 아니어도 저것들을 도구로써 사용할 수 있다. 사용한다는 의식이 없이도, 그 인자들의 보유 자체로서도 성적 누림을 가질 수도 있다. 저 '삶의 사회적 결정인자들'의 수혜가 절박한 자에 대한 '성적 자기결정'은 어떤 기준에서 판단되어야 하는가? '소통'은 그 시대가 가진 제 환경조건에 종속적으로 결부되는 것이어서, 어려운 문제이다. 남녀의 관계를 넘어서는 그 국가·사회 전체로서의 '소통의 실제'가 진화되어야 해결되는 문제이다. 정치적·경제적 토대의 근거를 가진, 실질적 민주화가 가동되는 환경에서 가능한 소통이다. 먼 훗날의 일이다.

▶▶▶▶▶ '법언' 이해의 재구성을 통한 의식의 진화

촛불, 헌법, 그리고 법언

▶ 2016년 후반에 일었던 촛불혁명에서부터, 국회의 탄핵, 헌법재판소의 심판이라는 일련의 기념비적 역사가 쓰일 때, 사람들의 관심에 일었던 헌법을 들여다보았다. 더욱이 2018년 지방선거의 기회에 개헌을 한다는 전제가 있어, 까맣게 잊어버린 듯이 했던 헌법이 새삼 나를 불렀다. 그러다가 내게 스멀스멀한 것이 '저 헌법에 대한 인식과 이해로부터 사람들의 의식이 진화할 수 있는가?'라는 생각이었다. 그것은 〈헌법이 잘못된 당연함의 관행을 전복하는 데에 괜찮은 계기나 도구일 수 있다. 그러나 헌법은 현실과는 거리가 있는 장식규범이고, 원래 헌법은 바닥을 기는 현실에 전혀 동떨어져 저 혼자 고고한 이념일 뿐이다. 대한민국헌법도 그렇다. 그렇지만 특히 격동기에는 그 장식의 헌법이 발전적 정신이나 이념을 새로이 인식하게 하는 근거가 되는 역설도 성립한다. 그래서 만약 사람들이 정말 헌법의 정신에 친화될 수만 있다면, 그 헌법이 똑똑한 그리고 성숙한 시민이 되는 데에 일조할 수도 있지를 않은가!〉라는 것으로, 헌법을 가까이할 수만 있다면, 그 어떤 다른 수단보다 의식의 진화에 유리할 것이라는 희망 같은 것이었다. 그래서 어느덧 헌법에 대한 글을 쓰고 있었고, 그것이 책으로 세상에 나갈 수 있을 것 같았다. 헌법을 중심으로 해서 하되, 법 일반으로 연결되거나 확장된 글들이 어지럽게 써져 갔다. 법리의 해석이 아니라 법이 바라보는 세상, 세상이 바라보는 법, 세상의 풍경에 대한 이런저런 잡설이거나 시비를 붙는 것이었다.

▶ 집필 후반에 만난 2018년 대통령 개헌안에서, 특히 기본권조항의 진일보가 역력했음에 더 많은 생각을 하게 했다. 헌법의 구성은 권력구조와

기본권으로 대별되나 권력구조는 형태가 다르더라도 실제는 큰 차이가 없을 것이기도 했지만, 기본권이 어떻게 바뀔 것인지에 내 관심이 쏠려 있었다. 권력구조의 문제는 단지 정치집단들의 거래에 지나지 않는다는 의미보다는, 바뀐 권력구조도 반드시 만나는 현실과의 타협으로 인해 실제로는 그리 다르지 않을 것이라는 진단이었다.

다만, 개정안 제44조 제3항에 "국회의 의석은 투표자의 의사에 비례하여 배분해야 한다."라는 부분이 있었다. '표 받은 만큼의 의석수'가 되지 못하고 있는 현실에 대한 불만이 깊었기에 저것이 눈에 띄었다. 독일의 정당명부식이 되었든 어찌 되든 '표의 등가성'이 실현되어, 진보정당이 힘을 받아 정치에 새 바람이 일어나야 한다. 다시 확인하지만, 중도 민주당이 정권을 잡는 것보다, 진보정당이 받은 표만큼 의석을 가지게 되는 것이 훨씬 중요하다. 10%를 받으면 30석이다. 사표가 없는 선거제도가 되면 그것 자체가 생산하는 에너지도 가세하기 때문에(—결과의 예측 가능성은 표심을 지배한다.), 진보정당은 그리 어렵지 않게 10%를 넘긴다. 그리하여 그것이 '주권재민'에 기여하게 하고, '1% 갑과 99% 을'의 상태라는 근본 질곡에서 구제되는 데 힘을 받을 것이기에 그렇다. 그러나 역사적 단위의 시간에서 보이는 인간은 다수에 포함되려는 욕망으로 인해, 즉 소수는 외로움·외면·따돌림이라는 상징질서가 초래하는 그 쏠림으로 인해 더 근본적이거나 큰 가치를 알지 못하거나 선택하지 못하는 어리석은 동물이다.

그런데 개정안의 표현이 우리의 현실이 요청하는 바에 비춰 너무 추상적, 상징적, 단편적이어서 불만이었다. 추상적이어야지 해석의 탄력성에 유리하다고 강변하겠지만, 법의 해석은 어디까지나 그 나라의 환경에 크게 예속된다. 같은 표현의 조문이라도 특정의 국가라는, 즉 구체적 공간이 가진 환경에 의해 얼마든지 달라진다는 것이다. 우리환경에서는 헌법의 조문이 '99% 을'의 권리규정으로 적극 해석되기를 기대하기는 아직은 난망이다. 즉 법의 담지자들이 헌법을 국민의 권리장전으로 적극 해석할 것은 긴 세월을 기다려야 하는 바이니, 차라리 구체적이고도 자세히 규정해놓음으로써 그것으로나마 일단 기본을 벌어놓고, 또 한편으로 법의 담지자들의 자의나 월권을 방지할 실익이 있다.

▶▶ 2018년 3월 20일 발표된 개헌안에는 전문에 저항권의 역사적 사건을 추가하였고(기존 4·19혁명에 부마항쟁, 5·18민주화운동, 6·10항쟁을 추가), 기본권에 관한 조항의 신설이나 개정은… 개헌 필요성(87년 6월 항쟁을 통해 헌법을 바꾼 지 30여 년이 흘렀고, 새로운 대한민국을 요구하는 국민의 목소리는 더욱 커졌음), 기본권 주체 확대(천부인권적 성격의 기본권에 대하여는 그 주체를 '국민'에서 '사람'으로 확대하여 표현), 규정방식 변경을 통한 기본권 강화, 노동자의 권리 강화 및 공무원의 노동 3권 보장(사용자의 관점인 '근로'라는 용어를 '노동'으로, 동일노동 동일임금, '고용안정'과 '일과 생활의 균형'에 관한 국가의 정책시행 의무 등), 생명권과 안전권 신설, 정보기본권 신설, 성별·장애 등 차별개선 조항의 신설, 사회안전망 구축 및 사회적 약자의 권리 강화, 검사의 영장청구권 조항 삭제(검사의 영장청구권에 관한 형사소송법 규정은 그대로 유지), 국민발안제 및 국민소환제 신설… 등의 요지였고, 특히 '토지공개념'에 관해 명시한 것이 눈에 띄었다. 2018년 지방선거 기회에서의 개헌은 무산되었다. 이후 언젠가 저 정부안이 국회에서 칼질 되어 통과될 것인지는 모르지만, 어쨌든 '99% 을'에게 우군임에는 틀림이 없었다.

▶▶ 헌법과 법 일반 및 관련한 세상풍경의 글들이 지금까지 그 완성은 못한 채 어지러이 쌓인 상태인데, 어쨌든 그 분량만은 한 권의 책을 넘을 것 같다. 정리하는 데도 상당한 시간이 걸린다. 그래서 그 집필의 완성은 훗날을

기약하고, 그 정신의 쾌는 같이 한다고 볼 글인 '법언'에 대해 올린다. '법언에 대한 이해의 재구성을 통한 의식의 진화'라는 이름으로 이곳에 올랐다.

법은 개별적으로는 합리적이면서, 동시에 전체적으로는 인간의 차별화의 효과를 생산한다. 계급의 딱지를 붙여 인간을 분리한다. 차별화의 의도로서의 결과가 아니라, 법 규범이 가진 본질에서 그렇게 생산된다고 봄이 냉정한 판단일 것이다. 해결이자 동시에 갈등·분리를 재생산한다. '1% 갑과 99% 을'의 구조를 재생산하거나, 저 구조의 유지에 손을 보태는 역할자다. (그 국가의 이념에 따라 저 악마의 본질이 극복될 수는 있지만, 이 대한민국이 가진 현실로는 머나먼 훗날의 얘기일 터니 일단 논외로 한다.) 법의 원칙, 법의 사상, 법률가 등에 관한 격언인 '법언(Legal Maxim, 法諺)'도 법의 본질로부터 유래된 것이니 마찬가지이다. 모두 훌륭한 에스프리이면서 동시에, 결국에는 인간을 계급으로 분리하고 길들이는 효과를 생산한다. 여기서 떠드는 것은 '법언' 그 자체에 대한 전통적 이해가 아니다. 그런 이해는 고립된 개별주체의 자기조율에 머무는 데에 지나지 않는 것이고, 사회적 관계의 구조의 측면에서는 결국에는 '갑과 을의 분리'에 봉사한다. 이곳을 실은 뜻은 '법언'을 재료로 해서, 작더라도 의식의 확장과 진화를 향한 노림수이다.

사기꾼은 애매한 문언을 사용한다

▸▸ 욕망의 공범으로서 사기피해자

사기는, 큰 이익이 난다든지 높은 이자를 준다든지 하는 식으로 화려한 유혹의 인자를 보내면서, 전체로서는 모호하거나 화려함으로 진실을 은폐한다. 법의 실무에서는 행위 당시에 '그럴 의사나 능력이 있었는가?'를 기준으로 사기의 여부를 따지는데, 실제로는 아무리 봐도 사기인지 아닌지 판단이 어려운 경우도 많다. 민사적인 문제인데도 심리적 압박을 통해 해결하려고 사기라며 고소를 많이 하는 실정인데(—죄의 성립 따위의 법리는 모른 채 대충 '사기 쳤잖아!' 하며 내지르는 고소도 많다.), 저것으로 수사기관이 몸살을 하지만 우리의 경제 구조로는 필연적인 현상으로 볼 것이다. 즉흥적·변칙적 거래가 많고, 사회적 신뢰자산이 현저히 부족한 나라이니 어쩔 수 없다. 오늘날은 말을 별로 하지 않은 사기꾼도 많다. 도심에 화려한 사무실과 고급스러워 보이는 정보의 전시로써 긴말이 필요 없이 불나방들이 달려든다. 이런 경우 이미 착오에 빠진 자에 대한 묵시적 기망일 수 있는데, 이런 것을 '소극적 사기'라고 한다. 피해자의 정서가 순수한 신뢰나 연민이었던 경우 외에는, 어쨌든 사기는 대체로는 피해자도 '욕망의 공범'이다. 통상보다 수익률이나 이자율보다 훨씬 높다는 감언에 빠진 것이니, 그렇다. 국가적·사회적 신뢰자본이 없다는 전제가 있으니, 법적 비난까지는 곤란하더라도 그렇다. 불로소득의 잠재적 욕망, 노동하지 않은 종류의 소득에 경도… 이 현실에서는 경제민주화도 지난하고, 동물의 왕국으로부터의 탈출도 어렵다.

▶▶ 더 큰 것을 지배하는 사실상 사기

그러나 세상을 지배하는 것은 불특정다수를 피해자로 하면서도 법에는 걸리지 않는 '사실상 사기'이다. 그런 사기가 넘치지만, 우리의 도덕관념에는 대충 통과한다. 과학기술의 발달로 인해 그런 사기를 전파할 수단도 널려 있다. 그 기능이 뛰어난 오늘날에는 더욱 그렇다. 우리는 그런 현상을 두고 사기라고 인지하지 않으며, 차라리 흠모의 염을 갖기도 한다. 저 '사실상 사기'의 능력은 가방끈이 길고, 중산층은 넘어 상당한 비율에서는 부유한 자들의 특권이다. 자본을 가진 자들뿐만이 아니라, 예를 들어 넓은 의미에서의 정치인과 개인미디어를 포함한 각종의 언론에 고개를 내미는 자들도 있다. 그들은 국가·사회적으로 중요문제에 대해서도, 본질은 건드리지 않는다. 본질을 은폐하려고 이런저런 복잡한 언어를 구성한다. 합리적이며 신중하게 보이는 자세로 일관하기도 해서, 시청자들은 착오에 빠진다. 모호하면서고 복잡한 언어구성 때문에, 시청자는 답답하면서도 딱 부러지는 비판의 준거는 잘 일어나지 않는다. 인지도, 출연의 기회, 밥줄을 위해 누이 좋고 매부 좋은 범주에서 맴돈다. 이런저런 견해를 표명하나 자신을 보호하려는 욕망으로 인해, 결국에는 양비론(兩非論)이나 양시론(兩是論)이 된다. 변화의 동인을 주지 않는다. 저런 스탠스도 함께하며 세상을 지배한다. '거대 사기'이다. 세상에 대한 영향력의 점에서, 법적인 판단이 가능한 사기는 저것에 비해 새 발의 피다.

법으로 메우는 인문적 함량이 부족한 국가

자본주의가 깊어질수록 사회의 복잡화, 직역(職域)분화의 가속화, 새로운 현상의 지속적 출현 등에 대처하고 행위의 준칙을 제공할 필요성의 증가로 인해 법률이 늘어난다. 그 자체로는 당연하다. 문제는… 권력이 특정의 직역·지역·집단에 이익을 주고 함께 나눠 먹으려는 욕망으로 갇혔다든지, 사회적 합의보다 법으로 밀어붙이는 편한 방법에 빠져 있다든지, 경쟁이나 성장이 우월한 가치일 때 국사사회가 발전한다는 기능주의에 경도되었다든지(→'성숙'이 아닌 '성장'), 철학은 없이 열정에 미쳐있다든지, 현실이 따를 수 없는 공약을 실현하겠다는 고집을 놓지 못한다든지 … 이렇게 법률의 제정이 늘어나는 데에 있다. 국회의 의사를 엿 먹이는 월권의 시행령을 양산하기도 하는데, '이명박근혜 정권'도 저런 전형의 권력이었다. '사회적 합의보다 법으로 밀어붙이는 편한 방법에 빠져 있다든지'라고 했는데, 인문적 함량이 부족한 국가는 그것에 비례하여 법률이 늘어난다. 예방이 되지 않고 설득과 이해와 소통의 사회적 함량도 따르지 못하니, '몽둥이로 쳐서 문제나 갈등을 쉽게 해결'하려는 것과 같은 유혹을 어찌하지 못하는 것이다. 국가의 유지가 '인간'이 아닌 '인공물인 법'에 의탁하려는 것이니, 이때 인간은 '쓰레기 처리'의 대상물이 된다.

정의만이 통치의 기초다.

하늘이 무너져도 정의는 세워라. 모든 권리는 정의에서 유출한다

▸▸ 정의(正義)는 다수의 가치가 충돌한 채로 길을 찾지 못할 때, 당위에 따라 선택되어야 하는 값이다. 정의에는 표 때문에 여론에 목메는 위험을 제거하는 기능도 있다. 권력이 다수의 여론에 따른 정치·정책을 선택할 때, 여론이 그러니 당연한 것이라고 생각한다. 그 다수의 여론에 반하는 정당이나 여론에 대해 비난하고 입을 틀어막아 버린다. 지금 '소수의 의견도 존중하라!'를 거론하는 것이 아니다. 한번 형성된 다수의 여론은 관성이 되고, 그 관성은 빗나간 지향도 걸러지지 않고 정책이 되어버리는 위험이다. 한통속이 되려는 집단무의식의 폭력이 소리 없이 개입한다. 극단의 경우지만 나치 독일도 일본 군구주의도 다수의 여론을 배경으로 했음은 부인할 수 없다.

▸▸ 걸러지는 힘은 평소 '정의의 관념'이 어떻게 가동되고 있었느냐에 달려있다. '정의에 대한 관념'이 당시 그곳에서 그 시민들에게 얼마나 내재된 상태인지를 물어야 한다. (물론 저 '정의의 관념'은 시민뿐만이 아니라 입법, 사법, 행정, 언론, 기업 등 모두가 보유해야 한다.) '정의에 대한 관념'은 지식의 양보다는, 그 지식의 구성이 무엇이냐고 물어야 하는 영역이다. 후진국에서 선진국으로의 이동이라는 것은 '정의의 관념'이 그 국가에서 커가는 과정이다. 이 나라는 정의의 관념은 제공하지 않는 방식으로 국민의 학력을 높여놓았다. 멀리 한참을 사물현상에 대한 단순·편향적 방식의 여론으로 굳어진 채 흘러갈 나라임을 부인할 수 없다.

▸▸ 정의(正義)는… 사회를 구성하고 유지하는 공정한 도리다. 모든 권리는 정의의 관념에 반하지 않아야 한다. 권력의 작용은 정의에 기초하며 정의를 찾는 과정이어야 한다. 무엇보다 하늘이 무너져도 정의를 세우는 인간의 의지는 영원해야 한다…, 라고 말해야 하지만, 그 실제는 간단하지 않

다. 정의는 시대마다, 공간적 환경마다, 정치적 견해나 입장에 따라 크게 다르기에 수용의 양태는 유동적일 수밖에 없다. 같은 유형의 정의라고 하더라도 특정 시공간의 사정에 따라 첨예한 차이나 대립을 노정한다. 크게는, 개인적 차원에서 자유롭고 평등한 전제에서의 합의나 계약이냐고 묻는 '자유주의적 민주주의 정의'와 공동체적 차원에서 단체·법인을 포함해 사적인 성과도 그 상당 부분은 사회적 공동자산으로 하느냐고 묻는 '사회주의적 민주주의'로 나눠진다.

▸▸ 2018년 6월 현재 한국의 현실? 사회적 신용자산이 일천하니 당연히 관계의 불신과 단절, 공존을 거부하는 승자독식의 카지노 경제, '1% 갑과 99% 을'의 양극화의 고착, 자영업과 소기업의 질식, 대기업의 풍요, 공무원과 공기업 등 오래도록 밥줄이 보장되는 자리를 향한 갈구… 저것이 해소될 근거가 보이지 않는다. 권력의 기이한 형태의 국정농단이 '촛불'을 들게 했지만, 그 이후 현재의 눈에는 마치 하나의 프로그램이 지나가고 있는 것 같다. 시민의 분노가 단지 양적 공리주의를 한때 실현한 것인 양, 그렇다. 현실이 진영논리에 갇힌 형태의 공동체주의의 늪에 빠져 있는 것 같다.

법률의 부지는 용서받을 수 없다.

법률을 몰랐다거나 잘못 알았다고 하여 용서되지 않는다

▸▸ 의사표시는 법률행위 내용의 중요부분에 착오가 있는 때에는 취소할 수 있다. 그러나 그 착오가 표의자의 중대한 과실로 인한 때에는 취소하지 못한다(민법 제109조). 특별히 중한 죄가 되는 사실을 인식하지 못한 행위는 중한 죄로 벌하지 아니한다. 결과로 인하여 형이 중할 죄에 있어서 그 결과의 발생을 예견할 수 없었을 때에는 중한 죄로 벌하지 아니한다(형법 제15조). 자기의 행위가 법령에 의하여 죄가 되지 아니하는 것으로 오인한 행위는 그 오인에 정당한 이유가 있는 때에 한하여 벌하지 아니한다(형법 제16조).

▸▸ 우리의 법은 법 규정이나 법률행위에 부지나 착오에 관해서 위와 규정하고 있다. 언뜻 쉬운 말 같지만, 결코 간단하지 않고 쉽지 않은 영역이다. 모르거나 착오를 한 경우 법으로는 저렇게 구제될 수 있다고 되어 있지만, 실제로는 거의 먹히지 않는다. '중요부분에 관한 착오'로서 인정하는 데에 무척이나 인색하다. 사실이나 법을 몰랐다고 하면 '모두들 법을 몰랐다고 주장하면 법의 권위는 어쩐다는 거야!'라고 질책하듯, '정당한 이유'를 인정하는 일은 거의 없다. 이 경우 법률가라면 법은 엄격한 이성적 행위에 적합한 방식으로 규정된다든지, 알 수도 있었다는 것만으로 고의와 같이 취급하는 것이 법이라든지 등으로 어물쩍 넘어갈 것이다.

▸▸ 법률을 모르면 다친다는 것보다는, '법을 알 수가 없다는 것'과 '알려고 해도 알 수 없다는 것이 법'이라는 것이 진실이다. 21세기를 사는 인간의 운명이기도 하다. 법은 해석을 한 다음 판단이 이어지는 일종의 해석학인 점(—법조문을 보아도 무의미하거나 사고를 칠 수 있다!), 너무 복잡하고 개판인 거래시스템의 점, 온라인 등에서의 지식정보가 안전할 수 없는 점(—해석의 문제와 '케이스 바이 케이스' 등의 함정!), 통상 그 존재 자체를 모르는 법이 너무 많다는 점(그 이유를 앞서 '법으로 매우는 인문적 함량이 부족한 국가'에서 보았다.)… 이런 사정이니 '법률의 부지는 용서받을 수 없다.'라는 쓸데없는 경구다.

'법률을 몰랐거나 잘못 안 경우'에는 형사적 책임은 없는 것을 원칙으로 해야 한다. (다만, 피해자가 있는 경우 원칙적으로 민사책임은 부담한다.) 인류의 형사법리에 따를 때는 말도 안 되는 주장이지만, 인류는 저 '몰랐거나 잘못 안 경우'의 원인이 국가에 있음을 발견해내어야 하고, 그에 따라 그 귀책도 국가가 가짐으로써 국가책무의 범위가 확대되는 차원으로 가야 한다. 물론 꿈같은 얘기다.

사회 있는 곳에 법이 있다

'사회'는 사전적으로 '일정한 경계가 설정된 영토에서 종교·가치관·규범·언어·문화 등을 상호 공유하고 특정한 제도와 조직을 형성하여 질서를 유지하고 성적 관계를 통하여 성원을 재생산하면서 존속하는 인간집단'으로 정의된다. 동물의 세계에는 없는 인위적·계약적 관계를 전제로 하므로, 당연히 사회 있는 곳에 법이 있을 수밖에 없다. 그러면 인류의 법은 언제부터, 어떻게 가동되었는가? 인류는 인간의 행위에 관한 판단을 저 아득한 날로부터 기나긴 시간 신화, 종교, 관습, 도덕률에 의존해 왔다. 그것도 권리가 아닌 의무가 중심이었다. 근대 이후 체계를 가진 법이 등장했지만, 실상은 여전히 관습·도덕·종교에 의해 다스려졌다. 법이 실제로 반영된 바를 엄밀히 보면, 20세기 후반부터라는 정도다. 21세기가 가까워질 시대에 이르러 경제의 촉진이나 규율, 지적재산권, 환경, 자본, 근로, 교육 등등… 세분화된 수많은 법률이 양산되었다. 인류의 사회적 빅뱅(Big Bang)이라고 볼 만치, 인간의 진화에 있어 급격한 대폭발로 볼 것이었다. 이제는 '4차 산업혁명의 시대'라고 하여, 다시 새로운 진화가 말해지고 있다. 새로운 진화의 기운이 있다고 해서 규범이 공평하게 작동한다는 보장은 없다. 법 그 자체보다는 '법을 운용하는 철학'에 훨씬 많은 영향을 받는다는 진실 때문인데, 실체를 만드는 근원이 따로 있는 것이다. 결국에는 그 나라의 이념의 방향과 갈등의 해소능력이 대답을 하게 된다. '법치주의'는, 권력자의 편의에 부역하는 기능으로 전락할 수도 있고, 국민의 자유와 가능성의 확장에 근거가 될 수도 있다. 그렇게 후진국, 개발도상국, 중진국, 예비선진국, 선진국… 으로 각기 자신의 값을 가진다.

법은 도덕의 최소한이다

책임을 강제할 정도의 부도덕한 행위만을 법으로 다룬다는 말이다. '도덕의 영역'에서 법으로 강제할 기준을 정하는 것은 결코 쉬운 문제가 아니다. 그 국가사회의 지배적 가치의 종류와 정도와 관련되면서, 동시에 그 국가의 결단 문제이기도 하다. (물론 인류 공통의 보편적 가치가 없을 수 없지만, 그렇다.) 그 국가사회의 지배적 가치라는 것도 시대에 따라 변한다. 오랫동안 유지되어온 '혼인빙자간음죄, 간통죄' 등이 없어진 것도 그런 것이다. '사형제 폐지'에 대한 사회적 저항이 여전히 강한 사실은 대한민국에서의 삶을 규정하는 환경의 황폐함을 증거하고 있다고 볼 것이다. '결단'에 따른 것 중에는 국가정책의 실효를 위해 '도덕'과 별 관련이 없는 규율도 있다.

그런데! 정말로 인간에 기여하는 법이라고 할 만치 진화된 사회라면, '도덕을 넘어 윤리의 차원'에서 고민하는 법이냐고 물을 수 있어야 한다. 우리 모두 당연하다고 수용해 온 것이 그렇지 않을 수도 있다든지, 그렇게 해야지 인간의 도리라고 여겨져 온 것의 이유가 부당하다든지, 단지 편의적 관행이 일반적 도덕관념으로 굳어졌다든지, 변화된 시대적 상황에서는 인간에게 기대가능성이 없어졌다든지, 인간의 본체적 욕구가 무엇인가로부터 왜곡되어 금기가 되었다든지, 법 형식에는 들어가더라도 실제로는 법의 적용을 배제해야 정의의 관념에 부합한다든지… 여러 각도와 층위에서 이해나 인식의 체계를 달리하는 것인데, '도덕을 넘어 윤리의 차원'이라는 것은 인간의 행위에 대한 표면적 동기와 결과를 넘어, 충돌하는 가치에 대한 갈등과 고뇌까지 살피고 서성이는 바로써 인간의 법을 말이다. 법이 '도덕률'에 일사천리로 메여 버리면 고민·갈등·머뭇거림의 세계인 '윤리'가 판단자로서 참여할 수 없어, 법은 인간을 위한 그것이 아닌 인간을 다스리는 지배자로 군림하게 된다. 물론 이 역시 그 시대 물적·인적 조건이 과연 어느 정도냐에 결부되므로, 21세기 대한민국의 상태로는 먼 훗날의 희망사항일 수밖에 없다.

사람 위에 사람 없고 사람 밑에 사람 없다.
정의가 때때로 돈주머니가 있는 곳으로 기울어진다

▶▶ '사람 위에 사람 없고 사람 밑에 사람 없다.'라는 것은 현실이 그렇지 않음이니, 제발 그렇게 되어 달라는 염원이다. 인류가 유래한 후 줄곧 '신분'이 사람의 위치를 규정해왔다. 그러다가 엄밀히 보아 지금으로부터 겨우 한두 세대 전부터 신분의 질서가 와해되어 왔다. '왕후장상의 씨가 따로 없다!'라는 하나의 정의를 알기까지도, 인류는 수천 년의 시간이 필요했다. 안 후에도 그 실현까지 적어도 수백 년을 잡아먹었고, 아직도 지구 곳곳에 신분질서의 지배가 남아 있다. 그런데 이젠 다른 종류의 신분질서가 들어섰다. 공적·사적 조직에 신분질서와 다름이 없는 계급이 존재하면서, 전체적으로는 '자본, 돈, 학벌 등'의 보유량에 따른 신분질서이다. 과거의 신분질서와 같이 '1% 갑'의 직접 통제가 아니라, 생존이나 존재감의 무기(―돈, 학벌, 유명세 따위)에 의해 '99% 을' 스스로 운명이듯이 통제 안으로 들어서는 양태이다. '99% 을'이 삶의 가능성을 발견하려고 '1% 갑'의 우산 안에 들어선다. 알아서 살펴 무릎을 꿇는 것이다. 이래서 결국, '법적인 책임을 물을 수 없는 폭력'이 세상을 지배한다. '1% 갑'에게는 이 얼마나 편리하고 고상한 지배인가!

▶▶ '정의가 때때로 돈주머니가 있는 곳으로 기울어진다.'라는 것은 현실에 대한 모두의 오랜 이해이다. 그러나 인간계의 정상화라는 이념의 관점에서 보아야 하므로, 전체를 지배하는 에너지는 '때때로'가 아니라 '상시적'인 것이다. '무기불평등'이라는 거대한 전제가 탈락한, 즉 개별 사례의 경우의 수로 제한하면, 그 최대치가 기껏 사법적 구제에 머물 뿐 인간계 전체의 정상화는 오지 않았기 때문이다.

가장 정의롭지 못한 평화라도 가장 정의로운 전쟁보다 낫다

▶▶ 우리의 헌법도 "대한민국은 국제평화의 유지에 노력하고 침략적 전쟁을 부인한다(제5조)."라고 하였듯이, 모든 국가는 침략전쟁을 의욕하지는 않는다. 그렇지만 지구의 역사서는 전쟁의 기록이고, 이렇게 문명화된 오늘

날도 지구 곳곳에 전쟁이 진행되고 있거나 언제든지 전쟁으로 발발할 온갖 유형의 갈등이 들끓고 있다. 근년 유럽과 중동에서 이슬람 극단주의자들의 테러는 일종의 게릴라적인 침략전쟁이다. 자기존재성의 확보와 열등한 힘의 극복이라는 사정이 복잡한 함수로써 물려있어, 이미 종교적 신념의 극단적 실행의 성격도 넘어섰다. 절대 용인할 수 없는 짓이지만, 한편으로는 인류는 유럽 제국들이 20세기 전 반까지 수백 년 저지른 타 지역 원주민 말살과 식민화의 행위에 관한 부정적 값도 따질 수 있어야 한다. '선진국'이라는 오늘날 그들의 이름이 어떤 강제의 노획물 위에 선 값인지를 말이다.

▶▶ '정의'에 관한 따짐이 먹히지 않는 영역이 전쟁이다. 전쟁은 물리적 유효성의 영역이므로, 행위가치의 세계인 법적 정당성을 따지는 것도 물론 의미가 없다. 전쟁은 삶 자체를 제거하는 절대 악이기 때문에, 평시의 부정의는 전쟁에 비해서는 아무것도 아니다. 한편으로 물리적 전쟁이 아니라 정의의 관념에 따른 전쟁의 측면에서 보면, '전쟁을 치르더라도 기꺼이 정의를 세워라!'라는 당위가 소멸한 시대다. 오늘날의 지식인들은 어떻게 하든(—다양한 현실을 고려한다든가 합리라는 명분으로 포장하는 등으로) 정의로부터 도피해버린다. 텔레비전이나 라디오, 팟캐스트, 공청회 등 숱한 공론의 장에서, 모두 옳은 것 같으면서도 결국에는 '중도'나 '다수'의 시궁창에 빠진다. 용기를 버린 대가로 인기나 인지도 등 현실적 이익을 갈취한다.

어떤 권력에서 유래한 권력은 그 권력을 생기게 한 권력보다 더 클 수 없다

▶▶ 명문으로 규정한 유래한 권력

'유래한 권력'이… '원천권력(유래한 권력을 생기게 한 권력)'을 이탈하느냐, '원천권력'을 지배하느냐, '원천권력'을 속이느냐, '원천권력'의 뜻을 왜곡하느냐 하는… 등등의 문제는 인간 세상의 핵심적 문제이자 고민거리이다. 국민과 국가 사이는 물론이고, 사적 · 공적 크고 작은 단체의 구성원과

기관 사이가 그렇다. (종교라면, 원천권력은 '신, 조물주, 부처, 예수 등'이고, 유래한 권력은 '성직자'가 될 것이다. '신자'는 무엇이냐고 할 수 있는데, 현실적으로는 '신자'도 원천권력이다.) 우리가 '원천권력'을 따질 때, 우선 헌법 제1조 제2항의 '대한민국의 주권은 국민에게 있고, 모든 권력은 국민으로부터 나온다.'라는 규정에서 쉽게 찾을 수 있다. 천상의 권리인 국민주권(國民主權, Popular Sovereignty)을 명문화한 것이다. 천부인권과 같은 본질적인 권리이기 때문에 명문화를 하지 않아도 없어지는 것이 아니지만, 인간은 인식의 동물인 점과 근거의 제시가 편리하고 분명해지는 이유가 있어 명문화는 무척 중요하다. 어쨌든 다른 말로 하면, 대통령이든 국회의원이든 위임주체인 국민의 뜻을 살펴 일하라는 말이다. 이어 관련해서 본다.

▶▶ 시원적 지배권으로서의 국민주권과 저항권

'국민주권'은 액면 그대로는 국민 스스로 치자(治者)가 되는 것이며(＝직접민주제), 주권재민(主權在民)으로도 표현이 된다. '모든 권력은 국민으로부터 나온다.'라는 것이니 당연히 '시원적(始源的) 지배권'의 개념으로 거슬러간다. 국민주권은 위임을 전제로 하고 있고 또 그런 개념이기 때문에, 설령 헌법에서 저것을 규정하고 있지 않았더라도 마치 자연권과 같이 부인이 불가능한 절대권이다. 그래서 우리 헌법은 "국민의 자유와 권리는 헌법에 열거되지 아니한 이유로 경시되지 아니한다(제37조 제1항)."라고도 천명하고 있다. 그런데 현실에서는 반대로 '헌법이든 법률이든 열거되지 아니한 이유로 경시된다!'라고 보지 않을 수 없는 일들이 범람한다. 공무원일반, 경찰, 검찰, 법원 등에 속한 담지자(擔持者 책무·사명을 맡은 자)들의 업무가 일단은 기존의 규정, 판례, 관행, 법정신을 침해하는 하위법령 등에 의존하는 탓이 크다. 근본원인의 측면에서 보면, 저런 규정이나 관행을 따지기에 앞서 '주권재민'에 대한 의식이나 철학이 부족한 탓이다.

헌법전문에 나오는 '불의에 항거한'이라는 '저항권'에 대해서(—저것을 두고 '저항권'을 규정한 것인지에 대해 논란은 있으나, 그런 것을 학자들의 일이지 따지고 싶지 않다.), 그 이해를 새롭게 할 필요가 크다. 저 '저항권'을 소극적 자기방어를 넘어 '변화를 향한 적극적 권리'의 차원으로 인정되는, 그런 사회적 인식과 분위기가 형성되어야 한다. '2016년 촛불혁명'도 적극적 저항권의 발현으로 볼 것이지만, 예를 들어 유럽에서 공무원의 데모도 가능함에는 저 '적극적 저항권'이 널리 승인되고 있는 그 사회적 모태가 존재하는 것이다.

▶▶ 답답하고 위험한 대의민주제

국민이 직접 나서는 정치는 말할 것도 없이 불가능하다. 할 수 없이 대표자들을 뽑는다. 뽑힌 그들을 통해 국민주권을 실현한다는 건데, 이것이 오늘날의 '대의민주주의(= 간접민주제)'이다. 다만 대통령·국회의원·공무원 선거권, 공무담임권, 대통령이 부의한 외교·국방·통일 기타 국가안위에 관한 중요정책에 대한 국민투표, 헌법개정안 확정에 관한 국민투표 등을 직접민주제적인 요소로써 남겨두고 있는 정도이다.

국민은 국회와 정부에서 논의되고 처리되는 일들의 디테일이나 외전(外傳)은 모른다. 원본의 편집도 부족해, 그 칼질 된 원본조차 화장발을 받아 언론에 나온다. 그런 가면의 보도조차 우리가 자세히 접하는 것도 아니다. 언론의 '제목장사'에 유도된 후, 그것도 보는 둥 마는 둥 한다. 내 손아귀에 든 스마트폰에 날 즐겁게 할 유혹이 넘쳐나는데, 어차피 그게 그 소리인 제도·정치의 보도를 본들! 이미 오래전에 '바보통'으로 명명되었지만, 텔레비전은 여전히 국민의식에 관한 영향력을 크게 가진다. 아무리 인터넷이니 SNS시대니 떠들어도 안방, 식당, 터미널·철도의 대합실에서 생산하는 그 에너지가 상당하다. 위험한 대의민주제가 아닌 것으로 알게 하는 요술방망이의 그것인데, 시민의식을 정체시키거나 때론 후퇴도 하게 한다. SNS를 잘 활용한 직접민주주의의 실현 의지가 상당한데, 물론 그 가능성을 배제할 수 없고 현실적인 이유와 근거가 된다. 그러나 한편으로는, 민주주의를 정초할 광장이 될 것 같았던 인터넷 커뮤니티가 어떻게 되었는지도 따져봐야 한다. 결국에는 그 실질적인 담보인 '일상생활과 함께하는 풀뿌리민주주의'가 과연 언제나 구현될 것인가! 하는 것을 고민하고 발상해야 한다.

▶▶ 존재조건으로서의 학벌과 재산

대체 누가 국회의원이 되는가! 첫째로, 학벌로는 'SKY'는 기본이고 유학파도 수두룩하다. 게다가 빌어먹을! 판사·검사·변호사 출신은 왜 그렇게도 많은가. 기능적 법률테크놀로지들에게서 '국민주권'의 기대는 난망이다. 둘째로, 그들이 가진 재산은 어떤가? 공직자윤리법에 의해 공개된 2017년 국회의원의 평균재산은 37억 원이다. 그것도 공시 가격이 아닌 실제 가격으로 따지거나 신고하지 않았거나 거부한 것까지 보태면, 실제로는 50억 원을 훌쩍 넘을 터이다. 물론 유난히 많은 일부 의원 탓에 평균이 올라간 측면은 있지만, 그 부분을 빼더라도 그 결과는 '99% 서민'의 입장에서는 말을 잃는다. 국회의원뿐만이 아니라 다른 고위공직자들도 20억, 30억 따위의 수준이 수두룩하다. 2018년 현재 '농민' 출신의 국회의원은 딱 한 명이 있는데, 그것도 어렵사리 된 비례대표일 정도다. 이 나라의 전체 표심의 지형도가 여전히 스펙을 흠모하는 의식·무의식으로 가득 차 있고, 앞으로 오랜 세월 그리 벗어나기도 어려울 것 같다.

▶▶ 영웅·철인 정치가 불가능한 시대

학벌과 재력은 '국민주권'에 친하기 어렵다. 우선, 인간은 '자신이 가진 존재조건'으로부터 좀체 자유로울 수 없다. '99% 을'은 먼저 저 무섭고도 싸늘한 진실을 아프게 기억해야 한다. '1% 갑'이 아무리 좋은 정책을 내세워도,

실제로는 서민의 입장을 대변하기 어렵다. 그들은 실제는 모른다. 설령 알더라도 자신의 존재성을 부정해야 하는 모순으로 인해, '99% 을'의 삶을 해결하는 전장으로 몸을 던지지는 못한다. 큰 부자였던 역사적 인물들(― 철학자이자 사회운동가 프리드리히 엥겔스, 철학자 루트비히 비트겐슈타인, 독립운동가 우당 이회영 등)과 같은 특별한 인격체는 나타나기도 어렵지만, 더욱이 가치가 분화되고 복잡한 이 21세기에는 영웅·철인이 할 수 있는 정치가 별로 없다. 국회의원이라는 '갑 중의 갑'은 표만 주면 '이 한 몸바쳐 국민주권을 실현하겠다!'라고 끊임없는 공약(空約)을 쏟아 놓는다. 빼어났던 일부 인사조차 국회에 들어서는 순간부터 내적·외적 자장에 의해 결국 무디어진다.

문재인 대통령은 외유내강에 빼어난, 흠 잡을 것 없는 인물인 것으로 일반적 이해를 취득한 것으로 보아 그리 틀리지 않다. 조야한 현실에 비춰 너무 점잖을 것이라는 우려를 집권 후에는 기우로 만들었다. 그렇지만 현 집권세력의 성과는 그가 영웅이어서가 아니다. 딱 떨어진 환경이 도운 부분이 크다. 강력하게 비토를 할 보수세력의 궤멸이라는 환경이 그 주인공이다. 그 환경의 생산지는 촛불혁명이었다. 물론 그 호혜의 환경을 잘 요리한 그와 그의 정권이 갖춘 능력에도 점수를 줘야 한다. 그러나 '99% 을'의 삶을 어떻게 하느냐? 이 거대과제 앞에서 답답하다.

▸▸ 의식진화의 역사적 시간
국민 대다수의 의식이 살아 있고 생활형으로 정치참여의 구조가 정립되어 있을 때, 그럴 때 비로소 '을들'의 자기실현이 이뤄진다. '주권재민'에 관한 의지와 그 실현의 기구가 국가의 영토 전체를 점령했을 때이다. 그때는 '을들'을 무시하거나 속이는 대표들이 설 자리가 없어지고, 설령 일부 그럴 대표가 나오더라도 눈을 시퍼렇게 뜨고 있는 전체로서의 안테나 때문에 별 영향이 없게 된다. 그런데 이런 설정이 답답하다. 먼저 '국민 대다수 의식'이라는 상태는 세대를 뛰어넘는 긴 시간을 요청하기 때문이다. 우리의 현 상태에 비춰 그냥은 적어도 50년이, 미래의 사정에 따라서는 100년도 넘길 것 같다. 한편으로, 후세를 위한 집적도 해야 하지만, 동시에 현세도 살아 누려야 한다. 이것을 놓치면 아니 된다. '우리 세대야 어쩔 수 없더라도, 우리의 자식과 손자가 좋은 날을 봐야지!'라는 의식에는 '숙명'의 그 속성으로 기어든다. 불행의 연장을 결과 짓는다. '현세의 행복(―'오늘 소비하고 치우자!'가 아니다.)'은 당위의 차원에서 이해되고 인정되어야 한다. 그래야지 예를 들어 국가의 복지투자와 사회안전망 구축에 그 이유와 정당성을 주고 힘을 실어 준다. 오늘 우리의 행복을 후세에 넘긴다는 미덕은, '을들' 스스로 부당한 누림의 '갑들'에게 최적의 환경을 바치는 것이 된다.

'권력을 생기게 한 권력'은 역사적 차원으로 올라간 곳에서 보인 예가 바로 '촛불의 권력'이었다. 그 촛불에 의해 정권이 무너졌고, 새로운 정권이 들어섰고, 이후 2018년 6월 현재 그 촛불이 새로 짠 정치의 지형이 유지되고 있다. 그 지형이 더 단단해질지 이완되어버릴지 묻는다면, 그 실제를 냉정히 따져 이미 후자의 조짐이 보이나 통상 역사의 경과에 비춰 그리 놀랄 일이 아니다. '국민의 권력'도 '유래한 권력'도, 역사에서는 서로 따로 놀거나 정의에 반하는 일은 늘 있어 왔고 앞으로도 그럴 것이다.

여야가 묵시적으로 담합해버리면(―다수의 정당이 나눠먹기에 적당한 환경인 경우) '유래한 권력'이 담보가 될 수 없고, '유래한 권력'이 다루는 과제가 '국민의 권력'이 알기 어렵거나 무관심해지는 경우도 많고(―현대의 제도나 법은 난해하고 복잡하다!), '유래한 권력'이 '국민이 행사하는 권력(―여론조사나 집회·시위 등으로 표출된)'이 정의에 반하는 어떤 가치인 줄을 알면서도 그것에 그대로 따르는 일도 부지기수이다. '정의에 반하는 경우'

라는 것은… 님비근성의 성격을 가진 이슈, 과거 국회의원 선거에서 '뉴타운 바람'과 같은 이익으로서의 정치의 극단을 가지는 경우, 영웅을 기다리는 터무니없는 심리에 빠져 있는 경우 등으로 많다. 이 모든 것이 역사발전의 걸림돌이다. '영웅을 기다리는 정치 환경'이란 집권권력의 내치·외치에서의 무능이나 국민에 대한 행패로부터 가진 실망이나 환멸, 인간의 본질에 하나로 보아야 할 뿐 합리적 이유가 없는 권태나 변덕, 특히 경제 영역에서의 삶의 어려움과 미래의 불안 등 숱한 이유로부터 생산된다. 우리 정치사에 넘칠 정도였고 앞으로도 얼마든지 나타날 것이다. 이것은 오랜 세월 검증의 과정이 없이도 정치의 중요담지자가 나올 수 있다는 것으로, 정치의 본질에 하나라고 하고서는 그냥 지나가기에는 그 국가사회가 갖게 되는 불이익이 너무 크다.

눈에는 눈, 이에는 이!

동해보복(同害報復)의 사상으로 '탈리오법칙'(Lex Talionis, 一法則)으로 알려진 이것은 인권이 실린 법체에서는 사라졌다. 인간이 진화하면서 복수로써 범죄가 예방되는 것도 아니고, 야수가 아닌 인간이 할 짓이 아니라는 인식에 이르렀다. 그런데 이 21세기에 이르러서도 이 '동해보복의 정서' 그 자체가 과연 없어진 것인지 단언할 수가 없다. 무슨 사건이 보도되었을 때, '평생 감옥에 썩혀라, 때려죽여라!'라는 언사의 댓글이 즐비하니 말이다. 개개인의 삶에서의 불만이나 답답함이 그 저간의 사정까지는 모르는 특정의 사건으로 넘어가 버린다. 공권력을 도구로 하는 마녀사냥이 될 수도 있다는 문제성이 있다.

법에도 눈물이 있다

▶▶ 법적 작용은 제정이나 개정, 판단, 집행으로 크게 나뉜다. 눈물이 개입할 수 있는 영역은 대체로 판단의 단계이고, 판단은 주로 판사의 역할이다.

(법의 집행의 영역에서도 눈물이 개입할 수 있다. 또 우리의 경우 기소독점 등 검찰 과잉이어서 검사 단계에도 눈물의 개입이 많은 여지가 있다.) 재판에서 '정상 참작'과 관련된 표현인데, 인간을 위한 법이라는 차원에서는 '법에도 눈물이 있다.'라고 이름을 붙일 것이 없다. 어쨌든 인간에게 군림하는 법이라는 전제에서 정상이 참작된 결과로서는, 검찰에서는 기소유예나 약식기소가, 법원에서는 선고유예나 벌금형이 대표적이다. 합의가 되었다든지, 행위자체에 비난가능성이 현저히 낮다든지, 전과가 없다든지, 특별히 착해보였다든지… 이유나 사연이야 무궁무진하지만 '머슴'이 봐준다는(─ 머슴이 신이 되어 은총을 베푼다는) 듯이 하는 바가 없지는 않다.

▸▸ 다시 보자. '법에도 눈물이 있다.'라는 언어가 사용되는 경우 인간의 의식에는… 법은 감정이 배제된 냉정한 이성만이, 바늘로 찔러도 피가 나지 않는, 건조한 법조문을 확인하는 영역이지만… 그래도 한번 봐준다는 법의 군림이나, 한번 봐달라는 애원이나 굴복의 정서가 깔려 있다. 법에서 가장 중요한 요소인 인간을 보살피는 측면은, 인간의 역사 안에서 흘리는 숱한 피와 눈물의 대가로 성장한다. 인류가 계속되는 한, 저 '인간의 피와 눈물의 대가'라는 전제는 계속된다. 또 저 '대가'는 법의 제정 · 개정의 단계만이 아니라, 법의 판단단계에서도 적용된다.

▸▸ 법의 작용은 단지 기존 법이나 판례를 확인하는 한계에서 그치면 아니 된다. 법의 적용은 어차피 법의 해석을 거치는 것이지만, 그 해석이 확인의 차원을 그리 벗어나지 못하는 수동적 해석에 갇혀서는 아니 된다. 더 정확히 말하면, 법의 해석이 입법의 불비를 보충하는 적극적 해석으로 나아가야 한다. 입법은 일어날 모든 경우의 수를 커버할 수 없는 점, 입법과 판단의 영역이 늘 명쾌히 구분되는 것은 아닌 점, 그 무엇보다도 판단의 단계에서 그 국가 · 사회를 지배하는 '무기불평등'을 최대한 제거해야 하는

점… 등등이 법의 적극해석을 정당하게 하고, 또 판단의 담지자는 그것을 수행할 소명을 받고 있다. 예를 들어 삶의 기본토대인 '주거권'의 경우 전형적인 '무기불평등'의 영역이다. '임대차보호법'이 제정되어 있지만, 우리의 주거권은 선진국의 법제에 비해 훨씬 불안정하다. 상가임대차는 자본의 입장을 돌보는 관념의 찌꺼기가 많이 남아 있어 더 불안하다. 법도 훨씬 후진적이고, 건물주와 임차인 사이 사회적 세의 배분도 그렇다. 사회적 세의 배분이 현저하게 차이가 나니, 임차인이 임대차보호법조차 알뜰히 찾아 먹지도 못한다. 임대인의 '싫으면 나가라, 새로운 계약에 의한 것이니 그 조항의 적용은 없다!'라는 등의 일갈이 적법 여부를 떠나 먹혀버린다. 서울 홍익대 인근을 비롯해 다수의 동내에서 소위 '젠트리피케이션(Gentrification)'이라는 것으로 한때 이슈를 점했던 일이 있었다. 그야말로 불로소득의 전격적 실현인 현상이다. 저런 지극한 부당을 어찌하지 못하는 땅에서의 '99% 을'은 대체 무슨 희망을 품을 것인가! 저 폭력의 경제는 정의와 공존의 이념이 살아 숨 쉬는 땅이라면 절대 용납되지 않는다. 저 부정의에 대해 중앙정부와 지방정부가 고민하고 대책을 짜고는 있고 관련법이 국회나 지방의회에 계류 중에 있겠지만(―세월아 네월아 하거나 칼질 되고 있겠지만), 그것이 자본의 부당한 자기증식 그 자체에 손을 대는 수준에 이르지 못하는 한에서는 결국 요원하다. 부당이득의 전면적 회수가 실행되는 이념이 먼저 그 국가·사회에 상존하고 있어야지, 그래서 그 이념의 힘에 의해 즉각 관련한 법의 정비가 가능해야지 해소되는 일이다. 이것도 결국 이 땅에서는 법이 제어하지 못하는, 법 밖의 폭력이다. 세상을 지배하는 것이 법 밖의 세력일 때는, 크게는 '자본정글'의 구조를 벗어나지 못한 원인이 있다. 한편으로 법의 운용과 관련해서는, 지금과 같이 실무관행이나 대법원 판례를 찾기 급급해서는 법문화의 발전과 민주화는 그만큼 더딜 수밖에 없다.

선하고 의로운 것도, 이것을 추구함에 있어서 위력과 사기로써 하면 악이고

또한 부정(不正)한 것이 된다

▶▶ 이것은 '목적은 수단을 정당화시킬 수 없다.'라는, 즉 아무리 좋은 목적이더라도 수단이 나쁘면 옳지 않다는 말과 그 궤를 같이한다. 그런데 문제가 있다. 신분질서에 의해 유지된 옛날에도 그렇지만, 돈이라는 수단을 통하지 않고는 그 어떤 목적도 수행하기 어려운 오늘날에는 더욱 그렇다.

네이버 지식백과에는 탈산업 사회(脫産業社會)에 대하여… 미래 사회학자인 다니엘 벨은 산업 사회 이후에 나타날 정보화된 사회를 탈산업 사회라고 칭하면서 다음과 같은 특징을 가진 사회가 될 것이라고 주장하였다. "탈산업 사회에서는 ① 노동인구의 대부분이 전문서비스업 종사자이고, ② 광범위하게 적용할 수 있는 이론적 지식이 기술혁신 주도하며, ③ 정보와 지식이 부가가치의 원천이 되고, ④ 운송과 통신 혁명으로 세계화 사회가 도래할 것이다." 따라서 탈산업 사회에서는 과거보다는 미래를 지향하고, 재화보다 서비스에 기초한 경제가 나타나며, 생산 방식도 다품종 소량생산이 이루어지는 한편 중앙 집중적인 관료제는 약화할 것이다. 또한, 새로운 기술혁신에 적용할 수 있는 고도의 사고능력과 전문성을 갖춘 사람이 요구되는 사회가 될 것이다. 탈산업 사회는 탈공업 사회라고도 한다…, 라고 기술되어 있다. 현재 대한민국은 정보화 사회를 지나 지식사회에도 깊어져 4차 산업혁명의 시대로 달려간다는데, 지구촌에도 대체로 그렇겠지만 지금 대한민국이 굴러가는 실태로는 저 진단은 그냥 헛소리이지 싶다.

어쨌든 공격적 공급, 대량 소비, 정보의 홍수, 통일적 가치의 상실, 윤리의 해체, 다양성이라기보다는 혼란과 착종의 관계들, 모든 것의 통제자로서의 돈 등… 노골적으로 말해 돈이 아니면, 그 어떤 공간에서도 자신의 존재를 드러낼 수 없는 현실이다. 비단 연예인만이 아니라 정치인, 언론인, 여타 직업인들도 방송, 포털, 유튜브 등을 통해 자신의 존재를 드러내려고 환장을 한다. 포털에 누가 '실시간 이슈'에 오르는지에 관심이 집중되고, '노이

즈마케팅'보다 더 주효한 수단이 없다고 할 지경이 되어버렸다. 이 모든 것에는 '옳음'이나 '정의의 관념'과는 관계가 없거나 그것에 반하는 경우에도 어쩔 수 없다는 의식이나 무의식이 깔려 있다. 나아가 '시류를 지배하는 도덕성'에 티가 날 만치 반하지 않으면, 오히려 타락이 지렛대가 된다.

▸▸ 하고자 하는 의로운 일도 편법, 과장, 노이즈마케팅, 트릭, 대중의 가벼운 심리를 포착하는 유인책의 실행, 돈에 의한 무차별 광고 등을 통하지 않고는 도저히 개시도 그 지속도 불가능한 시대다. 대중은 저런 수단들을 부정(不正)으로 이해하는 것이 아니라, 시대적 요청에 따른 필요로 이해하거나 오히려 유능함으로까지 수렴한다. 그렇지, 뭐! 하는 식이다. 한편으로 법도 저런 수단들에 대해 좀체 '사기'로까지는 포착하지 않는다. 법이 자본주의의 산물인 까닭에도 그 원인이 있지만, 법도 세상과 일심동체가 되어 타락했다(―이때 법은 타락이 아니라 현실의 수용이라고 자기정당화를 구성한다!). 사기의 에너지가 보편적 정서로 재구성된 시대이기에, 법의 간섭은 배제된다. 하여, 널리 법이 간섭하지 못하는 일들이 삶을 규율하고 지배한다. 같은 이치로 법치주의는 결국 약한 고리나 일부만을 걸러내는 체면치레의 기능을 극복하지 못한다. '선한 목적'과 '부정한 수단' 사이의 분리는 '돈과 시류'라는, 저 거대한 사회적 에너지가 탈락할 때 비로소 가능할 것 같다.

권리가 있는 곳에 구제가 있다

의무가 있는 상대방이 이 핑계 저 핑계 대는 사이에 시간이 너무 흘러버려 의지의 탈락이나 시효 때문에, 상대방이 가진 것이 없거나 재산을 빼돌리고는 '배 째라!'라고 나와 버린 경우(―'파산'이라는 제도로 인해 엿 먹는 일이 있지만, 이것은 다른 차원의 얘기이므로 따로 거론치 않는다.), 말로만 했지 문서를 남기지 않아 법에 의한 권리의 행사가 실패하는 경우(―'형, 아우' 하며 이뤄진 거래가 사고를 친다!), 내가 가진 권리의 경제적 가치에 비해 법률적으로 너무 복잡해서 법률전문가들이 조력을 기피하는 경우(법률전문가들 자신들에게 돈이 안 된다는 경우도 물론이다.), 무슨 말인지 이해할 수 없는 법리를 제공받아 어찌해야 할지 결단을 할 수 없는 경우… 이런저런 이유로 해서 권리가 있어도 구제가 어렵거나 불가능한 경우도 많다.

자기의 권리를 행사하는 사람은 어느 누구도 해하지 않는다

권리의 행사가 타인의 이익을 해치거나 타인을 고통에 들게 하는 일은 없다는 말인가? 법에서는 '권리남용'에 관한 것이 있지만(민법 제2조 제2항 : 권리는 남용하지 못한다.), 판례들을 보면 법 자신의 최소한 체면치레용에 지나지 않음을 쉽게 알 수 있다. 정말 어쩌다가 저것을 적용하는 경우에도, 법이 은전을 내리듯이 온갖 주저리주저리 이유를 달아 겨우 인정하는 정도다.

법에서 말하는 '권리남용'을 말하려는 것이 아니다. 법적인 보호의 범위 밖에 있으면서 동시에 사회적 정의의 관념에서는, 필연적으로 타인의 이익이나 고통에 관련될 수밖에 없는 권리의 행사가 넘친다. 세상에서의 더 무거운 진실은 법으로 규율되기 어려운 영역에서, 법 밖에서 일어나는 불공평이나 '갑질'에 더 많이 모여 있다. 법이니 법원이니 하는 것이 존재해도 구제될 수 없는 것이 넘친다. 법은 아무런 능력이 없고, 마치 운명인 듯이 평가되는 일들이다. 이것 역시 그 국가·사회의 성숙도와 신뢰자본에 의해 해결된다. 그럴 수밖에 없다. 아무리 새로 법을 만들고 기술적으로 대처하더라도 안 된다. 국부를 신뢰자본의 형성에 투입하는 것이 그나마 빠른 길이다.

계약은 법률에 우선한다.

이익을 향수하는 자가 손해도 부담한다.

누구든지 타인 행위의 결과에 의하여 책임을 지지 않는다

▶▶ 다른 사람의 행위에 대하여 책임을 지게 된다는 것은 그 자체로서 말이 안 된다. 그래서는 불안해서 살 수가 없다. 근대 이후 자기의 행위에 따

른 책임만을 지는 것인 '자기책임의 원칙(ㅡ자기결정의 원리)'이 정립되었다. 우리 헌법이 '모든 국민은 자기의 행위가 아닌 친족의 행위로 인하여 불이익한 처우를 받지 아니한다(제13조 제3항).'라고 한 것은 연좌제의 불인정을 확인한 것이지만, 모든 타인의 행위로 인하여 불이익을 받지 않는다는 것은 현대 사상적으로 당연하다. '타인의 행위'나 '존재 자체'로써 이익을 향유하는 자에게 '자기책임의 원칙'과는 달리 취급하는 법리가 없는 것은 아니다. '타인의 행위로써'에는 대리나 대표라는 제도가 있고, '존재 자체로써'에는 일부 영역에서 인정되는 무과실책임과 사용자책임이라는 것이 있다. 이 나라에서의 대리와 사용자책임은 문제가 많지만, 이익을 향유하는 자의 손해부담으로 하는 '무과실책임'은 실제로는 '입증책임의 전환'의 형태로 나타난다. 주로 '특정의 갑(ㅡ주로 대기업)'과 관련이 된다. 전적으로 이익을 얻고 지배하는 영역에서 일어나는 문제는 그 '갑'이 잘못이 없다는 점에 대한 입증책임이 있다는 논거다. 대기업은 그 자체로써 유리한 지위에서 큰 이익을 얻는 반면, 그들이 가진 사업이나 시설은 그 자체가 각종 산업재해의 위험을 내포한 정도가 높다. 이 경우 손해의 분담을 '자기책임이나 과실책임의 원칙'에만 따르는 것은 공평하지 않다는 논리다. 대기업이 관련된 산재사고나 물건의 하자로 인한 책임, 병원의 의료과실에 대한 책임이 주로 거론된다. 그런데 실제로는 이것도 결코 쉽지가 않다. '을'이 저 거대한 '갑'을 상대로 '입증책임의 전환'의 이익을 기대한 재판을 건다는 것은 상당한 법률비용, 큰 용기, 질긴 인내를 요구한다.

▸ 내가 바라보는 곳은 것은 위와 같은 법리나 사정이 아니다. 우리의 거래환경에서의 '자기결정의 원칙'은 그 자체로써 흠결이자 잘못된 전제이다. 우리를 지배하는 환경에서는 '자기결정의 원리'는 언제든지 개인이든, 가족이든, 기업이든 망할 수 있다. 치명적인 결함을 가진다. 저 결함은 은근하게 전체에 기생하는 것이기에, '자기결정의 원칙'이라는 정도의 정신으로는 언

발에 오줌 누기에도 이르지 못한다. '갑'이 미리 짜놓은 계약서에 대충 도장을 찍을 수밖에 없는 현실인데, 깨알의 글씨가 넘쳐 읽을 수도 없고 설령 읽어도 함정을 발견할 수도 없다. 무엇보다 그 전에 '을'의 처지에 감히 따지겠다고 나서는 것 자체가 죄가 된다! 아예 따지지 못한다는 죄가 먼저 성립한 후 전개되는 구조이다. 우리의 사법은 '저 죄가 부당하다는 영역'에는 관심이 없다. 판단의 대상 밖이라는, 즉 법률적인 영역으로 내몰려 '도장 찍었잖아!'라는 것을 극복할 수 없다. 또 답은 간결하다. 계약의 체결과정에서 무기물평등이 어떻게 제거되느냐의 문제다. 재판을 얼마나 공평하고 잘하느냐가 아니라, 저것에 국가·사회적 에너지가 투입되어야 한다.

▶▶ '계약은 법률에 우선한다.'라는 것은 계약자유의 원칙의 다른 표현이다. 민법은 원칙적으로 '임의규정'이라고 하는데, 맺은 법률관계의 내용이 분명한 이상 법이 간섭하지 않는다는 말이다. 계약의 내용이 불분명할 경우에 비로소 민법이 적용되는 것이다. 이로써 자본주의가 탄력성을 가지고 활성을 가진다는 것이다. 그런데 이 역시 계약체결의 과정 자체가 실질적으로 평등하고 충분히 합리적이라는 전제가 담보되어야 하므로, 결국 위에 본 것과 같다.

약속은 지켜져야 한다. 채무는 채무자의 인격에 수반한다

약속을 지켜져야 한다는 것은 제대로 된 자본주의가 가능하기 위한 대전제이다. 자본주의는 빈번한 거래를 생산할 수밖에 없기 때문에, 신뢰가 아닌 법이나 물적 담보로써만 굴릴 수는 없다. 약속을 지켜진다는 것은 '채무의 이행'으로 구체화된다. 채무의 이행은 채무자의 인격에 영향을 받지만, '인격'은 그 시대가 가지는 전체로서의 지배가치에 종속된다. 무슨 말을 하려는가? 빚쟁이도 그 지배가치의 방향성과 결정성에 종속되면서, 다만 빚쟁이로서의 번민을 유지하는 일부의 자가 예외로 남는다.

돈이 유통되는 이유와 과정이 일그러진 욕망에 기초한 경우, 거래도 재산의 형성도 부당·불공평의 조건에 이뤄진다는 인식인 경우, 그것이 이 21세기 신자유주의 대한민국인 경우 편의상 노골적으로 구성적 표현을 해 보면 〈빚은 안 갚는 것이 아니라 못 갚는 상황도 있다. 내가 거래처로부터 돈을 못 받으면, 내 수중에 돈이 있어도 나도 못 갚는 것이 거래의 상황일 수가 있다. 그렇게 층층이 물린 채권, 채무 사이에는 도덕적 잣대로는 곤란하다. 이런 연쇄에서는 먼저 갚는 자가 개별적으로 망한다. 그 망함에 대해 누구도 연민하지 않는다. 채무의 연쇄상황에서는 오로지 내가 살아남는 경우의 수가 제1의 선택지이고, 그럴 수밖에 없다. 처음에는 채무자는 돈 못 갚아 미안하며 죄인의 심정이고, 채권자는 돈 갚지 않는다며 원망한다. 하지만 시간이 지나면서 채무자는 미안함에서 무디어지고 죄의 기억에서 차츰 멀어지고, 채권자는 지친 끝에 사람에 관한 허망만이 새로이 남는다. 나는 살아남아야 한다는 저 가치만이 유일한 선택지이다.〉라는 식으로, 저런 구조로 갑남을녀의 생존 공학이 평균적인 도덕률로 정착한다. 법정의 뜨거운 호흡들에는 저런 냄새가 두텁게 배여 있다.

작성자의 의사야말로, 증서의 핵심이다

법에서 말하는 '표현주의'와 '의사주의' 중, 궁극으로 좋은 것은 '의사주의'다. 문서에는 뭐라고 적혀 있던 작성자(―흔히 '도장 찍은 자')의 진정한 의사를 살펴 그것이 확인되어, 그대로 인정하는 것이다. 그런데 '작성자 진정한 의사'의 확인은 어려운 경우가 많다. 문서의 진정에 관련한 재판을 해본 사람은 알 것이다. 인간은 자신이 보려고 한 것만 본다든지, 같은 사실을 두고 그 취지를 다르게 이해했거나 나중에 다르게 주장한다든지, 시간의 경과와 함께 인간의 기억이 명쾌할 수만은 없다든지, '형식적 진실'을 넘어 '실체적 진실'에 들어갈 법절차가 과연 인간에게 얼마나 주어질 것이냐라든지… 등등으로 해서 절대 쉽지 않다는 것을! 진의가 그대로 반영된 법률행위와 그것에 관한 증거의 존재성의 문제이니, 이 또한 관련되는 제도적 · 사회적 · 경제적 제 여건이 무엇인지 물어야 한다.

법이 없을 때는 격언이 지배한다

▶▶ 성문의 법 규정은 물론 기존의 판례를 동원해도 세상에 일어나는 사건을 모두 커버할 수는 없다. 법이 예측하지 못한 새로운 유형의 케이스도 얼마든지 발생한다. 법 기술의 한계요, 법의 공백상태이다. 그렇더라도 법원은 제기된 사건에 대해서 재판을 하고 결론을 내려야 한다. 이럴 때 등장하는 것이 '조리(條理)'이다. 그래서 민법도 "민사에 관하여 법률에 규정이 없으면 관습법에 의하고 관습법이 없으면 '조리'에 의한다(제1조)."라고 규정하고 있다. 이에 대해 판례는 "민법 제1조는 '민사에 관하여 법률에 규정이 없으면 관습법에 의하고 관습법이 없으면 조리에 의한다.'라고 규정하고 있고, 여기서 조리라 함은 사물의 본성을 말하며 흔히 사물 · 자연의 이치, 사물의 본질적 법칙, 사람의 이성에 기하여 생각되는 규범 등으로 표현된다. 우리 민법은 이처럼 법률과 관습법이 존재하지 않는 경우 조리에 대하여 보충적인 법원성을 인정하고 있고, 이는 성문법주의 하에서 법률의 흠결이 불가피하다는 고려에 기인하는 것으로 이해할 수 있다(대법원 2006다19054 판결)."라고 해석하고 있다. 도리(道理)나 건강한 상식으로 이해할 수 있다. 한편으로 '격언(格言)'을 사전적으로 "법언(法言) · 금언(金言) · 잠언(箴言) · 경구(警句)라고도 하며, 도리에 지극히 합당하여 삶의 지표로 삼을 만한 내용을 간결한 표현으로 나타낸 것으로 널리 알려진 어휘나 문장"이라고 하니, 결국 '격언'이나 '조리'나 그리 다르지 않아 보인다. 해서, '법이 없을 때는 격언이 지배한다.'라고 하는 법언은 수긍이 간다.

▶▶ 그런데 학자들은 법이라는 전문영역에서 상식과도 같은 '조리'가 법원(法源 법의 존재 형식)이 될 수 있는가? 하며 고개를 흔들기도 한다. 현실적으로 법의 존재 형식 따위는 중요하지도 않고, 조리가 민법의 규정상은

꼴찌(성문법규와 관습법 다음에야 부름을 받는 위치)이지만 실제로는 상당히 큰 역할을 한다. '판사는 결론을 내려놓고, 법이나 판례를 찾아 그 결론에 끼워 맞춘다.'라는 시쳇말이 있는데, 저것은 진실일 수도 있고 아닐 수도 있다. 인간의 사고체계에 비춰, 설령 진실이더라도 어쩔 수 없다. 인간은 어떤 사물을 만나면 논리적 추적을 하기 전에, 직관으로부터 어떤 특정의 감을 먼저 가진다. 아, 이건 이렇구나, 저건 저렇구나, 이건 나쁘네, 저건 안 되었네, 무슨 이렇게까지… 라는 본능적 느낌이 먼저 와버린다는 것이다. 이것이 '정서적 조리'의 측면이다. 이 '정서적 조리'는 명문의 규정이나 판례가 없을 때 '논리적 조리'로 변경을 한 후, 사안에 대한 판단기능으로 작용한다. 한편으로 이 '조리'는 관련 규정이나 판례가 있을 때도 중요한 배경으로 작용한다. '신의성실의 원칙'도 크게 보면 '조리'의 영역에 해당한다. 결국, 이럴 때 '법은 상식이다!'라는 이해가 자리를 잡는다. 그런데 말이다. 많은 경우 '법은 상식이 아니다!'로 된다. 법률문제를 상식으로만 판단했다가는 큰코다칠 일도 언제든지 일어날 수 있다. 법에는 일반의 상식으로 이해하는 수준보다 훨씬 엄격한 행위기준을 요구하는 경우도 있는 점, 법은 단지 상식을 넘어 규범적 가치의 차원에서 해석하게 되는 경우가 많은 점, 일반의 상식이 침투해 들어가기에는 너무 전문적이거나 복잡한 가치를 함유한 법의 영역도 많은 점 등으로 해서… 상식을 따돌려버린다. 여기서도 모든 국민이 자신의 법률문제를 '낮은 법률 비용'으로 법률가에게 맡기고, 자신은 일상에 돌아가는 법률 환경이 정착되어야 하는 이유가 발견된다.

법을 떠날 수 있는 방법을 잘 아는 법률가는 훌륭한 법률가다

▶▶ 소송은 싫든 좋든 시간과 비용이 들고 스트레스를 껴안는다. 소송의 끝인 판결은 승패를 가르는 것이므로 갈등의 해소가 아니라, 새로운 국면의 갈등을 생산한다. 그리고 판결은 너무 많은 너무 과도한 물적, 심적, 시간적(―대법원이나 파기환송까지 수년을 잡아먹을 수도 있다.) 비용의 지출로

인해, 이기고도 실제로는 '이러려고 이 재판을 했는가!'라는 상처가 너무 큰 영광인 경우도 있다. 그래서 소송을 가지 않고 갈등을 해소할 수 있는 출구가 많아야 한다. 아직 부족하지만 그래도 재판이 빨라졌고, 법원이 화해나 조정에 의한 분쟁의 해결에 적극적인 편이다. 다만, 화해나 조정을 무리하게 시도한다는 볼멘소리도 있다.

▶▶ '부자가 천국 가기는 낙타가 바늘구멍통과보다 어렵다.'라는 성경구절과 사촌쯤 되는 것으로는 '가장 나쁜 이웃은 변호사'라는 서양속담을 데려올지도 모르겠다. 어떻게든 송사로 엮어 돈 벌려는 변호사 세태가 없지도 않지만, 로스쿨로 인한 변호사의 증가와 법률정보 접근환경이 좋아진 오늘날에는 그 사정이 일부는 다르기는 하다. 다만 변호사의 수임료는 현재보다 낮은 수준으로 설정되어야 한다. 특히 고액의 그것에는 대폭 하향의 한계를 두어야 한다.

▶▶ 몇 가지 문제가 없지는 않다. '법을 떠날 수 있는 방법'을 찾으면 그때 법률가는, 인간적으로 훌륭할지 모르지만, 직업인으로서 법률가는 굶는다. 이 경우 사실은 인간적으로도 그리 인사를 듣지 못한다. 의뢰인은, 뭔가 법적으로 나아가야지 법률가의 역할을 인식하는 것이지, 대화로 끝낼 지혜를 찾아준 법률가에게는 '대체 네가 한 것이라는 게 뭐 있는데?'라는 인식을 하게 만들고, 그에 따라 법률가에게 경제적 대가는 물론 정서적으로도 넘어오는 것이 그리 없다. 사정이 저러하니 법률가도 뭔가 하는 것 같은 송사의 상황을 들어가야 한다는 관념을 가질 수밖에 없다. 그런데 그 이전에 법률가가 거론되는 정도의 사안에서는, '법을 떠날 수 있는 방법'이 그리 먹히지 않는다. 주야장천 법적 공방으로만 가는 것이 보통이다. '함께 손해를 분배해야 한다는 현실에서의 당위'에 대한 의식이 부재한 것이다. 또 '예방적 법률비용'의 지급에 대한 의식이 없는 나라이다. 나중에

는 1천만을 들 것을 미리 법률가를 통함으로써 1백만으로 해결될, 즉 '예방적 법률'에 대한 의식이 형편없는 현실이라는 점도 이 나라의 후진성이다. 상담이나 자문에 대한 보수지급의 의사도 없다. 눈에 보이는 물건 외에 '지적 산물'에 대한 경제적 가치를 모르는 바이고, 한편으로 사고가 터져야지 허겁지겁 대가를 지급하는 후진성이다. 또 있다. 의뢰된 그 과제에 대한 법률문제만 처리될 뿐이지, 그 과제와 관련되어 생산될 수 있는 2차적·3차적 또는 부수적 법률문제에 대해서는 처리되지 못하고 남는 일이 많다. 기본적으로는 법률가도 자신의 일과 똑같이 고민할 수는 없는 탓이지만, 사법 환경의 후진성에 상당한 이유가 있다. 이 모두가 피곤한 현상이지만, 엄연한 현실이다.

유언자의 유언은 그 사람이 사망할 때까지 유동적이다

▶▶ '유언의 자유'는 유언자가 살아있을 때 가졌던 생활관계나 재산을 그가 죽은 후에도 그의 의사에 따라 처분되는 것을 보장한다. 물론 '생활관계'보다는, '재산'이다. 개인이 자기의 재산을 스스로의 뜻대로 하는 것을 보장하는 '법률행위 자유의 원칙'과 마찬가지로 유언자유의 원칙이 확립되어 있다. 유언은 유언자가 사망함과 동시에 효력이 발생한다. 이 법언에는 유언철회도 자유도 내포되어 있다. 유언자가 살아 표시했던 의사 중 가장 나중의 그것을 유언자의 최종적인 의사로 본다. 즉, 사망시점과 가장 가까운 의사이다. 그런데 유언의 방식이 까다롭다. 민법은 그 방식을 5가지(자필증서, 녹음, 공정증서, 비밀증서, 구수증서)에 의한 유언만을 인정하는데, 판례는 '민법 제1065조 내지 제1070조가 유언의 방식을 엄격하게 규정한 것은 유언자의 진의를 명확히 하고 그로 인한 법적 분쟁과 혼란을 예방하기 위한 것이므로, 법정된 요건과 방식에 어긋난 유언은 그것이 유언자의 진정한 의사에 합치하더라도 무효라고 하지 않을 수 없다(대법원 2005다57899 판결).'라고 판시한다.

▸▸ 부모가 자식에게 부양료를 내놓으라는 재판을 거는 시대이다. 노부모와 자식이 함께 살지 않는 세태인 점, 노후 수입은 없는 반면 삶의 종료까지 남은 시간이 길게 드리워진 점, 자식들도 살기가 팍팍한 현실인 점, 부모와 자식 사이의 인적 점도(粘度)가 급속히 엷어진 시대인 점, 그리고 그 무엇보다 사회안전망이 턱없이 부족한 나라인 점 등으로 인해 노인의 생계문제는 심각한 현실로 치닫고 있다. 예를 들어, 저소득이나 청년실업의 망에 걸려 있는데다가 너무나 높은 주거비로 인해 고통을 받는 자식 앞에서, 단 하나의 주택을 가진 부모는 어찌해야 할까? 좁은 집에 같이 살아야 할까? 자부, 사위, 손자와 작은 공간에서 서로 조바심으로 긴장으로 버티며 살아야 할까? 자식에게 집을 넘겨주고 부모는 월세방으로 퇴각해야 할까? 미리 자식에게 물려준 재산을 반환하라는 쟁송도 벌어지고 있다. 지나친 학벌사회인 탓에 자식의 교육비로 등골이 빠진 후, 말년에 골병이 드는 노인도 더러 있다. 살아 자식에게 재산을 넘기지는 말라는 차가운 경고음도 있지만, 그래도 '자식 이기는 부모 없다!'라는 나라여서인지 현실에서는 만만치가 않다.

▸▸ 부모를 부양하는 일이 당연했던 시대는 지나갔다. 젊은 사람들의 입에서 이젠 노인의 삶은 국가·사회가 떠맡아야 한다는, 답답함과 스스로 자신 없음의 토로가 어렵지 않게 나오는 시대다. 노인을 위한 사회안전망이 절실하다. 노령연금이나 노인장기요양보험 등 제도가 있으나, 'OECD(경제협력개발기구) 회원 중 창피할 정도다!'란 시쳇말 그대로 아직 너무나 열악한 현실이다. 그러면, 가족공동체의 복원을 고민하는 것으로부터도 길을 찾아야 하는가? 이것은 이미 돌아선 시대를 헛되이 회귀하려는, 불가능한 망상인가! (끝)

STICK

사랑합니다. 스틱! 스틱은 당신을 응원합니다.
가까이 있는 응원을 생각합니다. 멀리 있는 교훈을 교려합니다. 가족을 사랑합니다.

이 책을 읽을
당신과 함께
하고 싶습니다!

카 페 **cafe.naver.com/stickbond**
블로그 **blog.naver.com/stickbond**
포스트 **post.naver.com/stickbond**

stickbond@naver.com

이 책을 읽은
당신과 함께
하고 싶습니다!